Michael Schmauser

Auf dem falschen Gleis,
mit voller Fahrt voraus
und noch lange nicht am Ziel.

Ich widme dieses Buch meinem Freund und Gesellen Wolfgang B., meinem Meister Herr B und meinem 1. wirklichen Vorgesetzten, Freund und Mentor Manfred „GAG" F.!

Die ersten, die mir Geduld, Strenge und die für mich so wichtigen Kontinuität gezeigt haben, auch wenn noch viele folgen sollten. Ihr habt mir alles beigebracht, was ich über Fleiß, Freundschaft, Verbindlichkeit und Verantwortung weiß.

Impressum:

Copyright: 2021 // Michael Christian Schmauser

2. Auflage
Umschlaggestaltung, Illustration: Michael Christian Schmauser
Fotos: privat, ilovehz
Portraitfoto: Ilka Tomhofer #die_momente_sammlerin

Herstellung und Verlag: BoD – Books on Demand, Norderstedt

ISBN Paperback: 9783755776376

Bibliografische Information der Deutschen Nationalbibliothek:
Die Deutsche Nationalbibliothek verzeichnet diese Publikation in der Deutschen
Nationalbibliografie; detaillierte bibliografische Daten sind im Internet über
http://dnb.d-nb.de abrufbar.

Inhaltsverzeichnis

Vorwort

Ich schreibe dieses Buch aus meiner Erinnerung. Manches ist eventuell verklärt und war im zeitlichen Zusammenhang nicht so dicht oder gedrängt. Alle Erlebnisse haben mich geprägt und mich zu dem Menschen gemacht, der ich heute bin. Ich bin den vielen Menschen dankbar, die sich nach meiner Jugend um mich gekümmert haben und mir einen Weg gezeigt haben, der mich vom falschen Gleis auf die richtige Spur gebracht hat.

Keine der Geschichten soll Mitleid erwecken. Das brauche ich nicht. Und als ich es brauchte, war niemand da, der es geben wollte und konnte. Meine Eltern waren Kinder ihrer Zeit: Nachkriegskinder, Verlassene, Einsame und nicht in der Lage andere Wege zu gehen, die Sie aufs richtige Gleis geführt hätten. Meine Mutter war auch Opfer. Sie litt sehr unter der Gewalt meines Vaters und war aus Angst oft nur apathische Zuschauerin. Passiv und ängstlich, mit der Zigarette in der Hand, flüchtete sie sich ins Putzen, Kochen und in den Suff. In den nachfolgenden Geschichten kommt sie selten vor, wenn es um meinen Vater geht. Sie war tatsächlich nur ein Schatten, der nicht in der Lage war, aktiv ins Geschehen einzugreifen. Sie versuchte es zwar immer wieder, war aber einfach nicht stark genug. Oft zog sie sich dafür den Zorn meines Vaters zu und erntete die Gewalt, die mir galt. Sie selbst schlug mich zwar auch. Jedoch glaube ich, dass es ihr seelisch so weh tat, wie mir die Schläge. Sie hatte selbst keine andere Erziehung erfahren. Irgendwann gab sie einfach auf und dachte, dass es eben so sein müsse. Das änderte sich erst mit der Geburt meiner Schwester. Für sie hat sie bis zu ihrem Tod all ihre Liebe und Fürsorge gegeben, die sie hatte.

Das Verhältnis zu meiner Mutter war sehr schwer und wir hatten über Jahre kaum Kontakt. Das änderte sich erst mit der Geburt meines ersten Sohns. Schwierige berufliche Umstände zwangen uns dazu, sie um Hilfe zu bitten. Diese Hilfe bekamen wir und sie war die beste, liebste und wunderbarste Großmutter, die man sich wünschen konnte. Das war auch der Weg für uns als Mutter und Sohn. Über ihre Rolle als Großmutter konnte ich ihr verzeihen und sie wieder lieben.

Ich werde ihr ewig für diese Hilfe dankbar sein und bin unglaublich glücklich darüber, dass ich sie so erleben konnte. Ich hege keinen Groll mehr, ich habe vergeben. Ich bin der Herr meiner Entscheidungen und habe eine wunderbare Familie, Freunde und Menschen, die ich sehr liebe. All diese Menschen haben mich zum Schreiben ermutigt.

Ich bin immer noch auf vielen Gleisen unterwegs; bewusst, frei und mit einem Ziel vor Augen. Nicht immer auf dem richtigen Gleis, aber immer mit voller Fahrt.

1. Die Entschuldigung

Es ist der 24.06.1998. Ich sitze mit meinen drei besten Freunden in einem kleinen Café, direkt neben einer Metzgerei. Das Internet hat in die kleine Stadt Bamberg Einzug gehalten. Die Metzgerei, mit einem hervorragenden Angebot, wird durch einen findigen Bamberger Metzger betrieben. Er hat in seinem Café, das an die Metzgerei angeschlossen ist, ein kleines Internetcafé eingerichtet. So sitzen wir nun da und chatten in einem der ersten Chatprogramme, weit vor Facebook und Instagram, mit Menschen in der ganzen Welt. Der Geruch von Fleisch, Salami und Gebratenem ist allgegenwärtig und das ein oder andere Wurstbrötchen mit Cola wird beim eifrigen Tippen verzehrt.

Ich bin seit fast einem Jahr Soldat in der Bundeswehr, besitze mein erstes Handy, zweizeilig und unzerstörbar. In ein paar Tagen darf ich das erste Mal ins Ausland. Ich habe noch einmal meine Heimatstadt besucht und meine erste große Liebe, bevor es dann ins schöne Kanada gehen soll.

Als ich gerade eine angeregte Konversation führe, klingelt mein Handy. Ich hebe ab und höre zum ersten Mal seit Jahren die Stimme meines Vaters. Sofort schlägt meine Stimmung um, von frei und gelöst zu angespannt und voller Wut. Ist er wieder betrunken? Will er mich wieder beleidigen? Meine Mutter herabwürdigen oder mich einfach nur wieder um Geld bitten und mich ausnutzen? Dafür ist zwar normalerweise meine Mutter zuständig, aber wenn der Schnaps knapp wird, ruft der Papa auch mal seinen Sohn an.

Er beginnt und gratuliert mir ohne Umschweife zum Geburtstag, der heute ist. Ein knappes „Danke Papa" und ich bin schon geistig am Auflegen. Nicht zu lang quatschen – das geht nur schief.

Da höre ich leise ein „Michael", unsicher. „Ja was", sage ich. Und mit leiser, nüchterner Stimme kommt ein: „Es tut mir leid!" „Was?", frage ich. „Alles!", bekomme ich als Antwort. Ein knappes „Aha" und „Ist ok" kommt über meine Lippen. Ich lege auf. Der ist bestimmt wieder voll und weiß gar nicht, dass er telefoniert oder was er da sagt, denke ich mir noch. Dann geht es wieder zum Chat.

Vier Wochen später, wieder zurück aus Kanada, klingelt das Telefon. Der Mann stellt sich als Beamter der Polizei Bamberg vor und ich solle bitte nach Hause kommen, um meinen Vater zu identifizieren.

Ich fahre nach Hause und brauche für den Weg von Erlangen nach Bamberg keine halbe Stunde. Bei meinem Vater in der Wohnung angekommen, erwarten mich bereits meine Mutter, die Polizei und der Leichenwagen. Also betrete ich die Wohnung in Begleitung der Beamten. Mein Vater liegt auf seinem Bett mit dem Gesicht nach oben. Scheinbar ist er gestürzt, hat sich im Todeskampf das Gesicht am Boden zertrümmert und sich so gewunden, dass eine Identifikation nicht mehr so einfach möglich ist. Diese Aufgabe soll ich jetzt übernehmen. Meine Mutter konnte den Anblick ihres Ex-Manns nicht ertragen und trotz allem, was er ihr und uns angetan hat, liebte sie ihn bis zu seinem Ende und darüber hinaus.

Es riecht süßlich nach Verwesung und Tod. Der Geruch des Ölofens, der die letzten Tage durch geheizt hat bis der Tank leer war und der seit Jahren allgegenwärtige Alkoholgeruch in der Bude, nimmt mir den Atem. Ich gehe ins Schlafzimmer. Dort liegt er. Die Sanitäter und der Leichenbeschauer haben ihn bewegt und aufs Bett gelegt, jedoch sind auf dem Boden die Spuren des Todeskampfes nicht zu übersehen. Sein Gesicht ist verschoben, zertrümmert. Dennoch erkenne ich ihn sofort: seine schlechte Elvis-Tolle, sein Batman- und Palmentattoo auf dem Arm. Ganz klar er.

Als ich meine Erkenntnisse der Polizei mitteile, wird er abtransportiert und wir bleiben in der Wohnung zurück. Der Vermieter stößt dazu, klagt uns sein Unheil, aber mein Vater ist wenigstens nicht schuldig. Er hat die Miete in der letzten Woche beim Glücksspiel gewonnen und somit ist er da schuldenfrei. Überall liegen ausgetrunkene Kornflaschen. Die Wohnung ist leer, bis auf eine Couch und den alten Fliesentisch, dem ich ein paar Narben zu verdanken habe, wenn er meine kindlichen Bewegungen unsanft mit seiner harten Kante stoppte. Beim Durchsehen der Schränke stellen wir fest, dass NICHTS mehr da ist, was irgendeinen Wert hat, weder monetär, noch als Erinnerung.

Als wir die Wohnung verlassen, steht dort einer seiner Saufkumpanen. Bamberg ist klein. Wenige Stunden später nach dem Anruf bei der Polizei weiß die Alkoholikergemeinde Bescheid. Er ist nur kurz da, um sich ein paar Dinge abzuholen, die ihm gehören, ein paar Flaschen Schnaps und Geld, das ihm mein Vater schuldet. Falls es nicht da sein sollte, hat er auch kein Problem damit, wenn ich es ihm gebe. Schließlich bin ich doch beim Bund und der Supermarkt ist um die Ecke. Da könne man auch ein paar

Flaschen kaufen gehen und gemeinsam auf meinen Vati anstoßen, der schließlich so stolz auf mich war und dem ich so viel verdanke.

Bis zum heutigen Tag bin ich über meine Reaktion entsetzt und gleichzeitig froh, dass nicht mehr passiert ist. Ich bin langsam zu ihm gegangen, ganz dicht vor sein Gesicht und sagte mit ruhiger und leiser Stimme: „Geh oder ich töte dich, jetzt und hier".

Der Kerl weicht zurück, dreht sich um und geht wortlos.

Er kam ein paar Tage später zur Beerdigung, betrunken und lamentierte, dass ich ihm hätte geben müssen, was ihm zusteht. Zum Glück habe ich das nicht. Das Karma sorgt dafür, dass Jeder bekommt, was er verdient.

In den nächsten Tagen erfahre ich, dass mein Vater alles über mich wusste. Meine Mutter hatte sich in den letzten Monaten sehr um ihn gekümmert, mit Putzen, Kochen, Alkohol und Geld. Dabei war auch ich Thema und mein Vater hatte sich in den letzten Monaten seines Lebens wohl darüber Gedanken gemacht, was er war: ein Monster, ein Nazi, grausam und brutal. Erst als die Leberzirrhose im Endstadium war und er wusste, dass es nur noch ein paar Wochen dauern würde, hat er bereut.

Als sein Sarg durch den Vorhang ins Krematorium fuhr, habe ich ihm vergeben, alle Wut hat geendet, nichts mehr zum Vergeben, nichts zum Nachdenken. Nur der Wunsch: „Lass mich nie so werden!" Lass mich ein Vater werden und ein Mann, den seine Kinder und die Mutter der Kinder lieben. Ich habe meinen Vater anonym beerdigen lassen. Kein Grab, kein Stein. Nur ein ENDE.

2. Alkohol und Fleiß

Mein Vater hat mir jahrelang erzählt, wie stolz er bei meiner Geburt war. Meine Mutter war am frühen Abend des 23.06.1977 in die Frauenklinik Bamberg eingeliefert worden. Der Arzt sagte, dass es eine schwere Geburt werden und entweder die Mutter oder das Kind überleben würde. Schwere Blutungen und die Exzesse der letzten Wochen hatten meine Mutter geschwächt und es stand nicht gut um uns. Mein Vater sagte dem Arzt, dass er ein gesundes Kind will und er soll alles dafür tun, dass sein Stammhalter überlebt. Dann ging er zurück in seine Firma und arbeitete. Mein Vater war unglaublich fleißig und einer der besten Handwerker, die ich in meinem Leben getroffen habe. Leider hat ihm der Alkohol jede Möglichkeit auf Erfolg zerstört, und meine Mutter war nur eine allzu willige Begleiterin in Kneipen, Bars und beim Bierchen Daheim auf der Couch.

Am Morgen des 24.06.1977 hat sich meine Geburt angekündigt und der Arzt hat sowohl Mutter als auch Kind gesund und munter durch diesen Vorgang gebracht. Keiner starb, keiner blieb zurück. Mein Vater, verständigt durch das Personal, kam ins Krankenhaus. Man schwor sich Liebe, ab jetzt wird alles anders und dann ging er. Fünf Tage später kam er betrunken und aggressiv nach Hause. Er hat die Geburt seines Sohnes gefeiert und etwas die Zeit vergessen. Meine Mutter wurde von ihrer Mutter nach Hause gebracht, wir lebten noch im Haus meiner Urgroßeltern, im 3. Stock des Hauses, zur Miete. Meine Ticktackoma (Uroma) hatte im Erdgeschoß einen kleinen Tante-Emma-Laden und wohnte in der dahinter liegenden Wohnung. Als mein Vater an diesem Tag nach Hause kam, holte er sich ein paar Flaschen Bier von seiner Oma aus dem Laden, ging nach oben. Er war sehr erzürnt darüber, dass meine Mutter ihren häuslichen Pflichten nicht nachgekommen war und auch kein warmes Essen auf dem Tisch stand. Meine Mutter war eine sehr einfache Frau, fleißig, ängstlich, ungebildet aber immer ehrlich und hat später als Großmutter alle Fehler wieder gut gemacht, die sie je bei ihren Kindern begangen hatte. An diesem Tag jedoch war es egal, wie fleißig sie war. Kein Essen auf dem Tisch. Sie lag im Bett, um sich auszuruhen. Eine Ohrfeige später wusste sie, dass sie das sofort ändern musste und es so oder so Zeit war, in die Klinik zu gehen, um mich zu besuchen. Sie würde das gleich mit einem Einkauf verbinden und ihrem Mann, der sich jetzt hingelegt hatte, um sich auszunüchtern, etwas Gutes am Abend kochen.

Da ich so klein und schwach war, durfte ich noch nicht nach Hause. Der Zigaretten- und Alkoholkonsum meiner Mutter führte dazu, dass ich nächtelang schrie und unter entsetzlichen Entzugserscheinungen litt. Die Schwestern der Abteilung tanzten des Nachts oft den Schneewalzer mit mir und so schlief ich in ihren Armen ein. Das führte dazu, dass ich die ersten Monate meines Lebens, wenn nicht sogar das 1. Jahr, nur im Kinderwagen einschlief oder wenn man mit mir tanzte. Auch als Kleinkind wurde ich immer noch in den Schlaf geschunkelt.

Meine Mutter arbeitete tagsüber in der Firma meines Vaters, AVO Messebau, die Messestände und Plattformen herstellte. Er trank am Abend in der Kneipe um die Ecke ein kleines Bierchen und sie ging nächtelang mit dem schreiendem Kind im Kinderwagen um die Häuser, um ihren Mann nicht zu wecken. Sie hatte bereits erlebt, was es bedeutete, wenn er nachts betrunken aufwachte. Es kam auch vor, dass er sie mit Schlägen weckte und sie barfuß, Sommer und Winter, mit dem schreienden Kind in die Nacht trieb. Dann lief meine Mutter mit mir im Arm oder im Kinderwagen, zu ihrer Mutter in das Dorf, welches zehn Kilometer entfernt von Bamberg lag.

Mein Vater, der zu dieser Zeit noch einen Führerschein hatte, arbeitete von früh bis spät auf Messen oder in seiner Firma. 10 Stunden täglich – sieben Tage die Woche. Die Firma lief sehr gut und der Umsatz stieg. Am Abend wurde gefeiert und der Geschäftspartner kümmerte sich um die Finanzen. Beim gemeinsamen Feiern wurden immer wieder neue Projekte beschlossen. Man hielt es für eine gute Idee, dass ein Partner allein die Finanzen verwaltete, während der andere mit Fleiß und Geschick für den Erfolg der Firma sorgt. Da zum Abend immer ausreichend Bier, Sechsämtertropfen und Whiskey zur Verfügung standen, kam man auch nie auf die Idee, die Bücher zu prüfen. Die Jahre gingen dahin und der Firmenerfolg ermöglichte einen guten Lebensstil. Die häufige Abwesenheit meines Vaters erleichterte meiner Mutter das Leben. Leider führte sie die Einsamkeit auch sehr dicht an Alkohol und Zigaretten. Sie suchte wiederum die Nähe ihrer Mutter und fuhr mit dem Taxi nun fast täglich aufs Dorf, um bei ihr zu sein. Das kleine Bündel Kind auf dem Arm, um dort etwas Geborgenheit und Liebe zu spüren.

Eines Tages liefen die Geschäfte jedoch schlechter. Trotz all des Fleißes konnten Rechnungen nicht mehr beglichen werden. So kam es, dass das Feierabend-Bier zum Morgen-Bier wurde und der Fleiß vom Alkohol aufgefressen wurde. Das bedeutete, dass mein Vater jetzt fast täglich zuhause war und dort trank.

Auch meine Mutter trank aus Solidarität mit und so lag das Kind in vollen Windeln im Kinderwagen, während Mama und Papa am Tisch in der Kneipe saßen. Mein Schreien und Weinen ging in den Geräuschen der Kneipe unter und ich durfte oft zur Wirtin nach hinten in die Küche gestellt werden. Die Wirtin war eine liebevolle, alte Dame. „Tante Meda" versorgte mich über Jahre mit Kloß und Soße.

Ich muss zwei oder drei Jahre alt gewesen sein, da erschien die Polizei vor der Tür. Man nahm meinen Vater mit und nach ein paar Tagen im Gefängnis wurden die Ermittlungen eingestellt. Der Partner hatte die Finanzen gut verwaltet, mehrere Wohnungen und Häuser gekauft, statt Rechnungen zu begleichen. Er hatte sich dem Kokain und Champagner hingegeben und letzten Endes seinen Reichtum gemehrt und die Firma in die Pleite getrieben.

Er war klug und hatte jegliche Beteiligung so eingerichtet, dass man nicht an seinen Besitz kam. Das Gericht entschied, dass beide die Schuld zu tragen hätten, mein Vater und sein Partner.

Nur das mein Vater nichts „zur Seite gelegt" hatte. Somit wurde aus Fleiß ein Schuldenberg mit zigtausend D-Mark. Es würde Jahrzehnte dauern ihn zu begleichen.

Mein Vater verlor seine Firma und arbeitete fortan auf dem Bau, mit Fleiß bis zum Vorarbeiter. Der Frust und der Alkohol bestimmten ab da sein Leben. Aggression und Gewalt wurden sein Ventil und lediglich seine Freunde, Klara und Günther, konnten ihn ab und an beruhigen. Was aber nichts heißt; die ständig präsente Gewalt wurde lediglich ergänzt durch Sadismus und seelische Grausamkeit... Schläge wären mir lieber gewesen.

3. Die drei Schläge

Schlag 1

Ich spüre sie oft, die Narbe in meiner Wange. Der Schlag traf mich heftig: Ein Haken gegen den Kopf mit der rechten Faust ausgeführt. Ich war sieben oder acht Jahre alt und stand auf der Seite des Bettes, indem meine Mutter üblicherweise schlief. Ich weiß nicht mehr, welches Vergehen ich als Kind begangen hatte. Aber mein Vater war sich wohl sehr sicher, dass es diesen Schlag brauchte, um die Tat zu entlohnen.

Der Schlag war heftig. Ich ging sofort zu Boden und sah weiße Lichter, spürte Schmerz, das Gefühl nicht mehr atmen zu können und dieser kalte, eisenhaltige Geschmack von Blut in meinem Mund.

Der Schlag traf mich so stark, dass die Innenseite meiner Wange aufplatzte und sich das Blut in meinem Mund ergoss. Mein Vater ließ mich liegen, bis meine Mutter nach Hause kam und mich versorgte. Ein Gang ins Krankenhaus war unmöglich, jeder hätte gesehen was passiert ist. So blieben wir in meinem Zimmer. Meine Tränen versiegten und mein Vater kam in den Raum. Er hatte eine große Legofeuerwehr bei sich. Ich bekam immer Lego, wenn ich etwas doller bestraft wurde. Es war nicht das letzte mal, dass ich diese Feuerwehr bekam. Schließlich wiederholt sich auch bei Lego der Bausatz, wenn man schon alles hat. Natürlich war das Legoangebot 1988 nicht so groß wie heute.

Schlag 2

Meine Schwester wurde 1985 geboren. Nachdem wir das erste Mal vor meinem Vater geflohen waren. Das war vor der Geburt und Zeugung meiner Schwester. Sie kam schweren Herzens zu ihm zurück und hat mir diesen Wunsch erfüllt, denn trotz all der Schläge und Grausamkeiten vermisste ich ihn sehr. Als ich bei einem Besuch von ihm eine kleine Roboter-Casio-Uhr geschenkt bekam, bettelte ich Tag und Nacht. Meine Mutter ging nach vielen Beteuerungen zurück zu ihm. Sie wurde kurz darauf schwanger und erstaunlicherweise kam es in dieser Zeit kaum zu Übergriffen, Streit und Schreierei. Auch keine Schläge, kein Zerstören und auch sonst kaum Gewalt gegen sie. Dass ich körperlich gezüchtigt wurde, gehörte weiterhin zum Alltag. Mittlerweile reichte die Hand nicht mehr aus und meine Eltern hatten sich stillschweigend darauf verständigt, dass

Vater seinen Ledergürtel nahm und Mutter den Kochlöffel. Allerdings war die Prügel nicht wirklich hart und bestrafte mehr emotional als körperlich. Meine Schwester lag in ihrem Stubenwagen, die Tage waren gut und wir waren eine Familie.

Dann kam er, der Tag des 2. Schlags, der mir in Erinnerung geblieben ist: Mein Vater kam angetrunken von der Arbeit. Gestresst, angegriffen und die Stimmung war angespannt. Geldsorgen waren unser Begleiter, nachdem mein Vater einen Herzinfarkt hatte und nicht mehr so oft als Vorarbeiter auf Montage gehen konnte. Ich wusste bereits von früher, dass es dann besser war, sich in seinem Zimmer zu verkriechen. So saß ich auf meinem Bett und kuschelte mein Lieblingsstofftier, einen kleinen Affen, der einen noch kleineren Affen in inniger Umarmung hielt.

Meine Schwester lag in ihrem Bett und weinte. Mein Vater ging zu dem kleinen Wurm, nahm sie hoch. Er herrschte sie an, endlich ruhig zu sein. Ich konnte seine Stimme durch die Türe hören. Ich spürte, dass meine Schwester bedroht war, ging nach draußen und stellte mich vor ihn. Ich forderte er soll meine Schwester in Ruhe lassen. Durch das Geschrei angezogen kam meine Mutter hinzu. In diesem Moment gab mein Vater meiner Schwester einen Klaps auf die Windel. Nicht fest, nicht brutal. Dennoch nahm ihm meine Mutter sofort das Kind ab. Sie sah ihm fest in die Augen und sagte: „Schlägst du sie noch einmal, dann bringe ich dich um." Diese Drohung war neu, stark und mein Vater erkannte, dass es ernst war. Er verließ die Wohnung und ging in seine Stammkneipe.

Meine Mutter packte umgehend unsere Sachen. Wir zogen zu ihrer Mutter. Meine Schwester wurde nie wieder geschlagen. Wir kehrten als Familie nie mehr zurück und meine Schwester wurde von meiner Mutter immer so gut sie konnte beschützt. Leider oft auch zur falschen Zeit, ohne die Fähigkeit ihr Grenzen aufzuzeigen.

Schlag 3

Meine Eltern waren schon lange getrennt und ich lebte mal wieder seit einiger Zeit bei meinem Vater. Meine Mutter hatte mit dem Brustkrebs und der Alkoholsucht zu kämpfen und so floh ich, wie üblich zu meinem Vater, ein ewiges hin und her, wer mich eben schlechter behandelte. Dort hatte ich mein eigenes Zimmer, in dem ich für mich war. Ich habe es als Kind sehr geliebt, Modelle zu bauen: Autos, Flugzeuge und Schiffe.

Mein erstes Flugzeugmodell war die Phantom F4-F. Zusammenge-klebt, gepfuscht, aber: 15 Jahre später war es das erste Flugzeug, an dem ich arbeitete, als ich Soldat wurde.

Wie es bei jedem Hobby so ist, wurde ich mit der Zeit besser und eines Tages entschied ich mich dazu, ein Schiff zu bauen. Ich war im zweiten Lehrjahr und kaufte mir von meinem Gehalt, stolze 285 D-Mark, den Bau-satz der USS Constitution. Ein Bausatz für damals 100 D-Mark. Ich saß in meinem Zimmer und nach Wochen der Arbeit an diesem Model, ging es in die letzten Züge. Ich war darin vertieft, Takelage und Seile zu verkleben, zu verknoten und zu basteln, hoch konzentriert und angespannt. Mein Vater rief aus dem Wohnzimmer, ich solle essen kommen, er war wie im-mer angetrunken und das Abendessen war so und so eher für ihn als für mich. Ich rief zurück, dass ich gleich kommen würde. Nur noch etwas basteln will. Als er das zweite Mal rief, reagierte ich erst gar nicht, da ich bereits an der Stimme merkte, dass er immer aggressiver wurde und jede Antwort die Falsche gewesen wäre.

Plötzlich flog die Türe auf, mein Vater stand angetrunken und wackelig in der Tür. „Warum kommst du nicht?" schrie er. Ich antwortete, dass ich noch bastle und dann bestimmt gleich komme. Er solle raus aus meinem Zimmer. Er schrie: „Solange du die Füße unter meinen Tisch stellst." Ich schrie zurück: „Ich zahle hier Miete. Das Zimmer gehört somit mir". „Dir gehört hier nix." Tränen in den Augen. Zorn und Wut. Dieses Mal gebe ich nicht nach. „Doch, das Schiff gehört mir", sage ich. In diesem Moment geht er einen Schritt nach vorn, nimmt das Schiff und zerstört den Bau-satz zwischen seinen Händen. „Siehst du. So einfach kann ich alles zer-stören, was dir gehört." Das war das Letzte, was ich an diesem Tag von ihm hörte.

Ich schnellte auf, stieß ihn aus dem Zimmer und im Zurückweichen versetzte ich ihm einen Faustschlag ins Gesicht. Er kippt um, bleibt auf der Couch liegen und war bewusstlos. In diesem Moment war er mir egal. Die Atmung war zu hören und ich war mir sicher, den bist du noch lan-ge nicht los. Ich wusste, was mir blüht, wenn er aufwachen würde. Also packte ich schnell die Tasche und fuhr mit dem Rad zu meiner Mutter. Ich durfte wieder einziehen und erst Jahre später konnte ich erkennen, was sie auf sich nahm, um für mich Platz zu schaffen.

4. Burn Baby burn

Ich habe meine Stofftiere geliebt. Sie waren der kitschige Versuch meiner Mutter, mir zu zeigen, wie sehr sie mich liebt. Ich hatte Dutzende: Hasen, Hunde und Wesen aus der Sesamstraße. Mein Lieblingsstofftier war jedoch eine Schimpansenmama mit ihrem kleinen Schimpansen in ihrem Arm. Man konnte die Arme der beiden durch einen Klettverschluss miteinander verbinden, sie haben gekuschelt und sich einfach lieb gehabt. Ich hatte sie oft auf meinem Bett sitzen und ihnen unter Tränen meine Sorgen und Ängste erzählt. Sie gaben mir Halt, wenn mich die Schmerzen der Schläge peinigten. Sie waren für mich da, wenn ich wieder einmal keine Freunde Zuhause haben durfte, weil sich meine Eltern lieber betrinken wollten, was fast täglich vorkam, wenn auch nicht immer beide gleichzeitig.

Mein Zimmer war ein Spielzeugparadies, Lego an jeder Ecke, ein Kicker, Stofftiere und alles wild über den Boden verstreut.

Mein Vater sorgte für Nachschub an Lego und meine Mutter für die Stofftiere. Jeder aus seinem Grund heraus.

Meine Mutter war oft davon genervt, dass mein Zimmer ein Saustall war, Legofantasien auf dem Boden, die Stofftiere als stille Freunde, die mit mir bauten und mich bestätigten, dass jede Idee, die ich hatte, großartig war. Raumschiffe, Burgen, ganze Welten entstanden, zu denen ich reiste. Meine Schimpansen immer auf dem Beifahrersitz.

Irgendwie kam es dazu, dass meine Mutter in mein Zimmer musste, sie stolperte über eins der Stofftiere und schrie: „Räum endlich dein Zimmer auf!" Als das am Abend nicht geschehen war, (mein Lernerfolg war, räumst du auf, wirst du geschlagen, räumst du nicht auf, wirst du auch geschlagen) erzählte sie meinem Vater davon, der nach einem langen Tag nach Hause kam. An diesem Tag war er fast nüchtern, somit war ich mir sicher, dass es bestimmt keine Schläge gibt. Als er mich aufforderte mein Zimmer aufzuräumen, schlich ich mich hinein. Aber anstatt aufzuräumen spielte ich, mit meinem Spielzeug.

Mein Vater heizte den Kamin ein und es wurde wunderbar warm in der Wohnung, ich habe den Geruch des Holzes und der Kohlen sehr geliebt. Mein Vater roch nach der Arbeit stets nach frischem Asphalt und bis zum heutigen Tag verbinde ich diesen Geruch mit meiner Kindheit und den schönen Momenten. Roch mein Vater nach Asphalt, war er auf dem Dach eines Hauses zum arbeiten. Dort trank er selten Alkohol und kam oft nüchtern und friedlich nach Hause. So auch an diesem Tag. Mein Vater öffnete die Tür und „bittet" mich ins Wohnzimmer.

Der Kamin war heiß und offen. „Hast du dein Zimmer aufgeräumt?" fragte er. Ich senkte den Blick und schüttelte den Kopf. Er verlässt das Zimmer, ging in meines. Als er herauskam hatte er beide Arme voll mit Stofftieren und Lego. Mit einem Schwung warf er es in den Kaminofen und alles begann zu brennen und zu schmelzen. Sofort wird der Raum von diesem beißenden Geruch erfüllt, der entsteht, wenn Kunstfaser und Plastik verbrennen.

Ich war noch keine 8 Jahre alt und es war die Hölle. Alles, was ich liebte, ging in Rauch auf und dieser unglaubliche Schmerz überwältigte mich. Ich wollte meine Sachen aus dem Ofen holen. Aber die Hitze, die das Plastik entwickelte, hielt mich ab. Brüllen, schreien und flehen. Nichts half!

Meine Mutter, selbst geschockt, sagte, er solle doch aufhören. Das war mir bestimmt eine Lehre und schließlich hätte das ja auch alles Geld gekostet. Aber auch die Logik half nichts. Er ging ein zweites Mal. Wieder beide Arme voll. Ich saß auf dem Boden. Das Schreien wurde zum Schluchzen.

„Räumst du jetzt auf?" Ich konnte mich nicht erheben. Ich war gelähmt. Er zog mich ins Zimmer. „Du hast eine halbe Stunde!" Ich räume auf. Von allen Stofftieren gibt es nur noch den großen Schimpansen.

Da saßen wir beide nun auf meinem Bett. Wir weinen beide um den Verlust unserer Freunde.

Ich entschuldige mich bei ihm, tausendfach. Danach packte ich ihn in meinen Bettkasten. Ich habe nie wieder mit ihm gekuschelt oder gespielt. Irgendwann war er weg; vielleicht entsorgt als Müll. Ich habe ihn nach mehr als 36 Jahren noch nicht vergessen und werde das wohl auch nie.

Jedes Mal, wenn ich einem meiner beiden Söhne ein Spielzeug wegnehme, weil sie nicht hören, sitzt er wieder da: der Affe aus der Kindheit und starrt mich an. Ich hoffe sehr, dass ich dieselben Fehler nicht ähnlich mache. Ich habe jedes Mal Angst, dass ich die Grenze zwischen Strafe und Grausamkeit überschreite.

5. Vier Finger

Die schönsten Momente meiner Kindheit waren in unserem Hof zu spielen, mit meinem Freund Frank. Seit unserer ersten Begegnung, in der ersten Klasse, waren wir Freunde. Auch wenn sich unsere Wege später trennten, sind wir uns verbunden geblieben und halten bis zum heutigen Tag Kontakt.

11 Jahre alt und voller Flausen im Kopf. Wir kletterten, liefen über die Felder in unserer Nachbarschaft, auf der schon seit langer Zeit Häuser stehen und von denen es keine Zeichen mehr gibt. Wir waren am Ufer der Regnitz und stellten allerhand Unsinn an. Wir kamen spät nach Hause und trafen uns oft auf dem gemeinsamen Schulweg. Wir gingen zusammen seit der ersten Klasse in die Schule und saßen hintereinander.

Pünktlich Daheim sein, war für mich oberstes Gebot und trotzdem schaffte ich es nicht immer. Es gab weder Handys noch hatte jedes Kind eine Uhr. Lediglich die anrückende Dunkelheit war ein gutes Anzeichen.

Frank brachte mich oft nach Hause, da sein Weg an meinem vorbeiführte. So war es auch an diesem Tag. Wir waren kurz nach der Abendessenszeit Daheim und mein Vater war bereits am Fenster, um nach mir Ausschau zu halten. Er hasste es, auf mich warten zu müssen und bestrafte mich oft für meine Unpünktlichkeit. Sein Jähzorn machte ihn unberechenbar. Es war nicht abzusehen wie er war, wenn er wütend wurde. Ob nur ein Schulterzucken trotz Wut oder plötzliche Prügel für ein einfaches Widerwort.

Als wir zu meiner Haustür kamen, rief er mich wütend nach oben. Der Tag war unbeschwert und so schwatzten wir, während ich die Treppe nach oben ging. Frank und ich unterhielten uns noch, als ich in der Tür stand, die mein Vater zuvor offen gehalten hatte. Er sagte mir wiederholt aus dem Wohnzimmer, dass ich reinkommen soll. Ich ging langsam rückwärts und rief noch nach unten.

„Komm jetzt rein oder du bleibst draußen." Nicht mit mir, dachte ich, und legte meine Hand um den Türstock. So war ich mir sicher, dass die Tür bestimmt nicht zufällt. Mein Vater öffnete die Türe mit Schwung und schlug sie mit demselben Schwung zu.

Ob absichtlich oder nicht, ich weiß es nicht, aber die Tür war geschlossen und meine Finger befanden sich zwischen Tür und Rahmen. Als mein

Vater die Tür nach einigen Sekunden wieder öffnete, war ich endlich in der Lage zu schreien. Ein Blick auf meine Finger zeigten vier blaue Schwellungen, und ich wurde schnell in die Wohnung gezogen.

Da Frank das ganze schon kannte, ging er einfach nach Hause.

Er wusste was mir blühte, denn als mein Freund war ihm das Ganze von mir auch nicht unbekannt.

Meine Mutter kam, um mit mir ins Krankenhaus zu gehen. Sie war wahrscheinlich wie immer in der Küche, das war ihr Safeplace. Wenn sie kochte und es gut war, war mein Vater friedlich. Die Zeit dazwischen putze sie oder fuhr zu ihrer Mutter aufs Dorf. Ihre Mutter war immer für sie da und sie konnte reden.

Zuhause saß sie eigentlich nur auf der Couch und rauchte oder saß in der Kneipe um die Ecke am Spielautomaten bei einer Weinschorle. Sie war von ständiger Angst begleitet und wurde oft das Opfer der Attacken meines Vaters. Heute war sie jedoch da, nüchtern und begleitete mich.

Das Röntgenbild zeigte, dass vier Finger der rechten Hand angebrochen und gequetscht waren. „Schwere Verletzungen" gab es zum Glück keine und ich konnte nach ein paar Tagen wieder in die Schule. Die Lehrerin wurde durch diese Geschichte aufmerksam und sprach mit meinen Eltern. Sie wollte uns helfen, aber dafür war es damals noch zu früh.

Die Finger waren mir eine Lehre. Ich kann es bis heute nicht ertragen, zu spät zu kommen und ertrage es auch bei anderen nur schwer.

6. Die Narbe, das Cowboy-Fort und die Burg

Während ich dieses Buch schreibe, befinde ich mich in Corona-Quarantäne. Das ist aber nicht das Wichtige. Ich muss in diese Quarantäne, weil ich in zwei Wochen in den Auslandseinsatz ziehen werde. Ich gehe für fast vier Monate und das bedeutet, dass ich das erste Weihnachten seit 13 Jahren nicht bei meiner Familie, Freunden und meinen so großartigen beiden Jungs sein kann. Ich liebe es, für meine Kinder und Familie zu kochen: Gans, Klöße und allerlei Beilagen. Da meine Schwiegermutter und meine Freundin aus Tschechien kommen, feiern wir nach tschechischer Tradition. Vor der Geburt unserer Kinder verbrachten wir die Feiertage jedes Jahr in Prag. Ich liebe dieses warme und innige Gefühl und freue mich, die Geschenke zu basteln, zu kaufen und mir viel Mühe zu geben. Bereits in der Vorweihnachtszeit könnte ich vor Freude platzen und bastele mit viel Liebe und Kreativität seit vielen Jahren Adventskalender für meine Freundin und Menschen, die ich liebe und sehr gern in meinem Leben habe.

Das erste Jahr unserer Beziehung feierten wir nicht zusammen. Da arbeitete ich, wie die Jahre zuvor. Ich habe zu Weihnachten früher immer die Wache in meiner Einheit gemacht. Das war damals bei der Bundeswehr so üblich, dass die Soldaten der Einheit selbst den Wachdienst stellen und ich habe mich dazu immer gerne bereit erklärt. Zehn Jahre lang. Ich habe mich stets sehr darüber gefreut, dass die Kameraden bei ihren Familien sein konnten, und ich habe mir oft vorgestellt, dass sie dann im Laufe des Abends auch einmal an mich denken.

Ich wollte nie nach Hause. Mein Weihnachten im Familienkreis endete mit 9 Jahren. Ich habe danach nie wieder, am Abend der Bescherung, die gleiche Freude verspürt, wie ich es in den Jahren davor hatte. Dieses unbeschwerte Gefühl an Weihnachten, die Kälte, der Schnee, warmer Kakao und Geschenke. Als ich 18 wurde, habe ich komplett aufgehört mit meiner Familie zu feiern und erst 20 Jahre später hatte ich meiner Mutter soweit vergeben, dass ich sie als Teil meiner neuen Familie zu uns holte und ihr in den letzten Jahren ihres Lebens ein schönes und unbeschwertes Fest schenken konnte. Sie liebte es mit ihren Enkeln unter dem Baum zu sitzen, sie immer wieder zu liebkosen und ihr letztes Geld für schöne Geschenke auszugeben.

Dezember 1984: An Weihnachten war es üblich, dass wir am Morgen zum Markt gingen, um einen Baum zu kaufen. Mein Vater und ich hatten den Schlitten dabei. Auf dem Hinweg durfte ich auf dem Schlitten fahren, auf dem Rückweg der Baum. Ich hatte immer die höchst wichtige Aufgabe, nachdem Kugeln und Kerzen am Baum waren, das Lametta aufzuhängen.

Auch 1984 war der Baum wunderschön. Er war nicht groß, das konnten wir uns nicht leisten und ich hatte auch nicht so viele Wünsche an den Weihnachtsmann, wie es heutzutage üblich ist.

Ich wusste aber genau, was ich wollte. Ich wünschte mir das neue Playmobil Fort für Cowboys. Ich wollte es mehr als alles andere! Der Weihnachtmann hatte schon mehrere Briefe von mir bekommen und als wir ein paar Tage zuvor am Stammtischabend mit der Familie waren, war auch der Weihnachtsmann zu Gast. Da hab ich ihm noch mal ganz genau erklärt, wie, warum und mit welcher Dringlichkeit ich dieses Fort brauchte. Er hat mir versichert, dass ich ein sehr braver Junge war, ich nur noch etwas besser hören müsse und dann geht das mit dem Fort klar. Auch meinen Eltern habe ich genau erklärt, was sie dem Weihnachtsmann sagen müssten. Und so freute ich mich sehr auf den Weihnachtsabend.

Als der Abend endlich gekommen war, saß mein Vater mit der Ziehharmonika auf der Couch. Er spielte Weihnachtslieder und meine Mutter war in der Küche. Es roch nach Glühwein und Kartoffelsalat mit Wiener. Dann sagte mein Vater, er glaube, er habe ihn gehört. Den Weihnachtsmann! Also nichts wie rein in mein Zimmer, Türe zu und lauschen, was zu hören war.

Es knisterte und raschelte, schwere Dinge wurden getragen. Dann hörte ich das Lied, welches verriet, dass ich kommen darf. Unbändige Freude überkam mich und während „Oh Tannenbaum" von der Platte orgelte, trat ich ins Wohnzimmer. Der Baum in vollem Kerzenschein und vor dem warmen Ofen standen die Geschenke. Ich nahm mir das Große zuerst und riss das Papier in Windeseile auf. Zum Vorschein kam eine Ritterburg mit Rittern, Katapult und Pferden. Ich war erstaunt, suchte nach anderen Paketen, aber da war nichts. Ich stürzte zu meinen Eltern und sagte ihnen, dass ich das falsche Geschenk bekommen hätte und sie doch bitte den Weihnachtsmann aufhalten müssten, damit er noch mal tauschen könnte.

Meine Mutter hörte sich alles an, aber sagte mir, dass da wohl nichts mehr zu machen sei. Der Weihnachtsmann sei weg und man müsse das jetzt eben so akzeptieren. Ich war tieftraurig, heulte Rotz und Wasser. Mein Vater versuchte mich zu überzeugen, dass Ritter eh viel cooler sind und da ich doch so ein großer Robin-Hood-Fan bin, könnte ich doch jetzt alle Abenteuer nachspielen. Aber ich ließ mich nicht beruhigen.

Dieses Fort war so wichtig. Schließlich konnte ich damit die Western nachspielen, die ich mit meinem Vater immer las und die er so liebte. John Wayne in schwarz-weiß gab es auch schon. Und es war die schönste Zeit, wenn ich mit meinem Vater auf der Couch lag, er nach frischem Asphalt roch und wir gemeinsam die Abenteuer der Kavallerie ansahen.

Nach einiger Zeit verlor mein Vater seine Geduld. Ich saß auf dem Boden und schmollte, er riss mich auf die Füße und schrie mich an, dass er sich diese Burg vom Mund abgespart hat und er schließlich kein Millionär ist. Ich versicherte ihm, dass der Weihnachtsmann für alles bezahlt und dass man ihn eben irgendwie verständigen muss. Daraufhin ließ mein Vater den Knoten platzen. Er sagte mir, dass es keinen Weihnachtsmann gibt, ich gefälligst dankbar sein soll und diese Geschenke von ihm und meiner Mutter sind. Das machte mich fassungslos. Ich schluchzte noch viel mehr und sagte, dass ich die Ritterburg aber nicht wollte. Ich wollte doch nur das Fort.

Daraufhin stand mein Vater auf, er zog mich auf die Beine und hinter sich her, ging voraus ins Schlafzimmer. Wenn ich diese Burg nicht will, kann ich sie zurück auf den Schlafzimmerschrank stellen. Das sollte ich sofort tun. Jetzt, mit dem Verlust des einzigen Geschenks konfrontiert, brach ich sofort ein. Ich wollte das Spielzeug nicht hergeben, auch wenn ich es eigentlich nicht wollte. Mein Vater blieb hart: „Du bringst die Burg ins Schlafzimmer oder bekommst Prügel." Ich stand auf und trug die Burg aus dem Zimmer in den Flur. Leider war die Burg so schwer, dass ich sie absetzte und sagte, dass ich sie nicht mit der Hoffnung, dass sie dann bleiben darf. „Dann schiebe sie eben", sagte er. Also drückte ich mich wütend gegen die Burg und schob sie mit Schwung in Richtung Schlafzimmer.

Ich sah sie nicht, die Kante an der Tür. Sie stoppte meinen Schub abrupt und ich stürzte vorne über die Burg. Der Turm der Zugbrücke brach unter meinem Gewicht ab. Durch die Vorwärtsbewegung bohrte sich das scharfkantige Plastik durch meine Haut und schnitt meine Brust auf. Der Schnitt war 8–10 cm lang auf Höhe der Brustwarzen. Es war kein tiefer

Schnitt und ich blutete kaum. Es brannte nur furchtbar. Meine Mutter versorgte mich mit Jod und Pflastern. Nachdem mein Vater den Schaden sah, schrie er, dass man die Burg nun weder zurückbringen noch umtauschen könnte und weil ich sie jetzt auch noch kaputtgemacht habe, bekäme ich sie nächstes Jahr erneut zu Weihnachten.

Ein Jahr später lag sie tatsächlich unter dem Baum und das mit geklebtem Turm. Daneben stand ein großes Paket mit dem, von mir so sehnlich gewünschten, Fort, dass ich mir im Vorjahr so erhofft hatte. Ich liebte dieses Fort und später auch die Burg und habe oft damit gespielt. Als ich älter wurde habe ich sie auf einem Flohmarkt verkauft und denke bis heute oft an sie.

2011 habe ich erfahren, dass ich Vater werde und habe mich unglaublich auf dieses Kind gefreut. Nach der Feindiagnose wusste ich, dass es ein Sohn wird und ich habe mich sofort ins Internet begeben: Mein Sohn hatte das Fort meiner Kindheit mit Cowboys und Planwagen, mit Pferden und Indianern ungefähr vier Monate vor seiner Geburt im Zimmer stehen. Ich liebe es, ihn damit spielen zu sehen. Auch wenn das Handy und der Computer eigentlich mehr sein Ding sind. Aber wenn er mit diesem Fort spielt und ich ihn beobachten kann, dann bin ich glücklich und kann mich in diesen Momenten so komplett fühlen.

Die Narbe auf meiner Brust habe ich noch lange gesehen, gespürt und immer wieder nach dem dünnen hellen Strich getastet. Sie verschwand mit den ersten Weihnachten mit meiner Familie.

7. Angst im Dunkeln

In den ersten Jahren meiner Dienstzeit bei der Bundeswehr gehörte es zu meinen Aufgaben die verschiedenen Hallen zu verschließen, in denen unsere Kampfjets gewartet und gewaschen wurden.

Bedingt durch das umliegende Moor war dies stets mit dichtem Nebel verbunden, der oft keine zehn Meter Sicht zuließ.

An einem Abend, wir sahen vor wenigen Tagen den Film Blair Witch Projekt*, hatte ich wieder die Aufgabe eine Halle zu verschließen. Die Halle lag nur etwa 150 Meter von meinem üblichen Arbeitsplatz entfernt und wurde durch ein kleines Wäldchen getrennt, durch das ein schmaler Weg führte. Ich mochte es nicht besonders diesen Weg zu gehen, da ich seit meiner Kindheit Angst im Dunkeln habe. Der dichte Nebel in dieser Nacht, gepaart mit dem Film vor ein paar Tagen, machte mein Gefühlsleben nicht besser.

Der Nebel schien mich an diesem Tag vollkommen zu verschlucken und ein Vorangehen war nur langsam möglich. Den Blick starr auf den Boden gerichtet, um den Weg nicht zu verlieren. Als ich den Waldrand erreichte, hörte ich es, ein tiefes, kratziges Atmen, fasst schon würgend. Ich blieb stehen und lauschte.

Nichts! Bestimmt nur eingebildet. Als ich die nächsten Schritte tat, war es wieder da. Mit jedem Schritt ein Würgen, ein Hecheln und Atmen. Ich beschleunigte meine Schritte, rannte fast und das Hecheln hinter mir kam dichter. Es wurde lauter, gehetzter und wilder. Nun rannte ich und als ich aus dem Wäldchen trat, unter eine dämsige Straßenlaterne, kam es aus dem Wäldchen: Ein Schäferhund der Wache, geführt vom Hundeführer und der Hund an seiner Leine. Er zog den Wachmann hinter sich her und erst, als mich der Wachmann sah, rief er den Hund zur Ruhe. „SITZ!" Der Hund gehorchte aufs Wort und das gehetzte Hecheln wurde zum leisen Atmen.

Nach kurzem Gespräch setzte ich schweißgebadet meinen Weg zur Halle fort, um erst die hell erleuchtete Vorderseite zu verschließen und mich dann der Rückseite des Gebäudes zuzuwenden. Die Rückseite hatte drei Türen, mit jeweils einem Licht im Abstand von ca. 15 Meter. Als ich die erste Tür erreichte, war es stockfinster und ich, geblendet durch die Scheinwerfer der Front, sah nichts. Ich tastete mich zum ersten Licht-

*ein echter Psychohorror, der im Dunkeln spielt

schalter, betätigte ihn. Nichts, das Licht blieb aus! Egal, das wird morgen schon die Verwaltung reparieren. Tür verschließen und auf zur Tür.

Hier war es so dunkel, dass ich mich nur tastend vorwärts bewegen konnte. Als ich die Tür erreichte, suchte ich nach dem Lichtschalter. Das Kabel fand ich sofort und so musste ich nur daran entlang, nach unten in Richtung Taster. Die obere Kante des Tasters erreicht, also drauf drücken und dann, Helligkeit. Ich streckte meinen Finger, um erleichtert auf den Taster zu drücken. Mit Schwung drückte ich und erschrak zu Tode: Am Schalter hing eine Fledermaus.

Beim Versuch den Lichtschalter zu betätigen, presste ich ihr mit Schwung auf den Rücken und das Tier bewegte sich quietschend und flatternd in meine Richtung. Mit der Fledermaus im Schlepptau nahm ich reißaus vor dem Horror im Dunkeln. Ich rannte zur Straße, zurück durchs Wäldchen in mein Büro. Dort saß mein Chef. Ich warf die Schlüssel auf den Tisch und sagte, dass die Türen noch offen sind, das Licht an und dass ich weder heute noch den Rest der Woche noch mal diesen Weg auf mich nehmen würde.

Die Weigerung brachte mir einen ordentlichen Anschiss ein und eine ganze Woche Küchendienst, zu meinen üblichen Tätigkeiten. Küchendienst bedeutete für ihn, dass ich nicht nur Kaffee kochen, putzen und wischen musste: wenn alles sauber war, nahm er sich ein Messer und kratzte ein großes Kreuz auf die Edelstahlfläche des Herds. Dann bekam ich einen Schwamm und Poliermittel in die Hand und durfte polieren, bis das Kreuz verschwunden war.

An einem Abend durfte ich an die Wand der Küche drei Bilder malen, was mich sehr erfreute. Ich malte gern und es war eine willkommene Abwechslung.

Dennoch war es für alle erstaunlich, dass ich mich lieber so demütigen lasse, als den kurzen Gang in der Dunkelheit auf mich zu nehmen.

Im Grunde bin ich ein mutiger Mensch, der oft neue Dinge probiert und sich immer seinen Ängsten stellt. Ich weiß auch noch, wann ich das erste Mal Angst im Dunkeln hatte.

Das Haus meiner Großeltern wurde zwischen dem Ersten und Zweiten Weltkrieg gebaut und der Dachboden war für die Aufbewahrung aller Hausratsangelegenheiten bestimmt. Der Keller wurde jedoch während des Krieges von einem Kohlenkeller, der tatsächlich auch dafür gebaut war, zum Luftschutzkeller umgebaut. Eine schwere feuerfeste Stahltür verschloss den Zugang und die verschiedenen Abteile für die Aufbewahrung der Kohle waren durch Gitter getrennt. Die Kohle konnte durch eine schwere Stahlkappe in der Decke über eine Kohlenrutsche im Hinterhof in den Keller gebracht werden und ich hatte im Winter immer die Aufgabe im Keller die Briketts zu stapeln und die Eierkohle in Säcke zu schütten. Dort stand auch ein Kohleeimer und in diesem trug ich die Kohle nach oben, damit mein Vater den Kaminofen betreiben konnte und es mollig warm wurde.

Ich war ein verträumtes Kind und sehr fantasiereich. Ich liebte es, in diesem Keller zu sein, Drachen zu jagen und aus den Briketts Burgen zu bauen: die Eierkohlen waren die gefürchteten Kanonenkugeln und ich war der König des – heute würde man sagen – „DUNGEONS".

An einem dieser kalten Wintertage war ich wieder im Keller zum Kohleholen. Nachdem ich den Eimer gefüllt hatte gab ich mich dem Spiel hin und träumte davon ein starker Ritter zu sein, der die Welt vor Drachen beschützt. Meine Eltern feierten oben mit dem besten Freund meines Vaters, Günther und seiner Frau Klara. Diese beiden Menschen habe ich sehr geliebt. Günther hatte immer einen guten Einfluss auf ihn. Zwar trank er, im Gegensatz zu meinem Vater, auch sehr stark. Aber er war liebevoll, verständig und schlug nie! Klara war großartig, hübsch und immer so unglaublich lieb zu mir. Ich hatte mir oft gewünscht, in den späteren Jahren, dass sie meine Mutter hätte sein sollen. In ihrer Gegenwart wurde auch ich nie geschlagen. Die Beiden waren toll und hatten zwei Söhne. Die beiden Jungs waren etwas älter als ich und sehr vernünftig. Ich habe sie immer um Ihr Familienleben beneidet und erst Jahrzehnte später erfahren, dass es auch in dieser Familie Probleme gab, wenn sie auch nicht so massiv waren, wie in meiner.

Günther war ein Freund aus den ersten Tagen und kannte meinen Vater aus der Kindheit. Sie hatten viel zusammen erlebt, von der Kneipenschlägerei, gemeinsamen Urlauben und einem Besuch bei einem Elviskonzert. 300 Kilometer zusammen auf einem alten Mofa, um den King zu sehen. Sie waren zusammen bei der Bundeswehr und hatten auch meine Mutter gemeinsam kennengelernt. Günther stand auf die große schöne Frau, aber meine Mutter hatte einen Faible für Bad Boys und da war mein Vater das perfekte Beispiel. Sie lernten sich bei Alkohol und Billard kennen und ersteres schweißte sie auch zusammen. Das war wohl auch der Kit für die Freundschaft. Günther sagte oft, dass mein Vater früher ein toller Kerl war. Als Freund war er das auch lange, bis der Alkohol das irgendwann zerstörte. So feierte man also zusammen bei lauter Rockmusik, Zigaretten und Schnaps.

Da ich also im Keller saß und dort spielte, vergaß ich die Zeit, was hätte ich auch oben in der Wohnung gemacht. Ich mochte es nicht, wenn alle betrunken waren und war dann lieber allein. Das Spiel war toll und ich war mir sicher, dass ich später bestimmt noch in die Wanne durfte und dann würde ich mich in mein Bett kuscheln. Ich war im Spielen vertieft, als plötzlich mein Vater in der Tür stand. Ich hatte so lange gespielt, dass im Ofen das Feuer erloschen war und langsam die Kälte einzog. Es würde lange dauern, das Feuer wieder zu entfachen. Erst musste die alte Asche entfernt werden, dann das Feuer neu entzündet und dann dauerte es, bis die Kohlen die Hitze entwickelten, um den Raum zu erwärmen.

Angst hatte ich keine und ich war mir auch sicher, dass ich keine Schläge bekomme. Mein Vater war sauer und als ich ihm erklärte, dass ich hier spielte und es mir eben im Keller gut gefällt, drehte er sich um und verschloss die Tür vor dem Abteil. Durchs Gitter sah er mich an und sagte: „Wenn es dir so gut gefällt, dann bleibst du eben hier." Dann ging er nach oben, verschloss die schwere Stahltür und es war still. Es störte mich nicht und ich gab mich wieder meinem Spiel hin.

Nur wenige Augenblicke später, mein Vater musste noch oben an der Tür stehen, wurde es dunkel. Ein Betätigen des Schalters in unserem Kellerabteil ergab keinen Erfolg. Auch das störte mich nicht und ich spielte im Dunkeln weiter. Meine Augen gewöhnten sich an die Dunkelheit und es war „NUR" ein neues Abenteuer im Kellerverließ. Was diese alten Keller so an sich haben, gerade durch den Zugang von Außen, ist das Ungeziefer, gepaart mit den Geräuschen der alten Leitungen, der Abwasserrohre und dem Knistern der alten Elektrik. Je länger ich dort war, umso unheimlicher wurde es. Ich konnte die Geräusche nicht zuordnen und bei angeschaltetem Licht habe ich sie auch nie wahrgenommen. Je länger ich da nun saß, umso panischer wurde ich. Ich wusste vorher nicht, dass es Ratten und Mäuse im Keller gibt. Das Spiel hatte geendet, und ich achtete nun auf jedes Geräusch, Krabbeln und jedes Augenpaar im Dunkeln, das ich sehen und fühlen konnte. Als ich die Tiere bemerkte, machte es mir große

Angst. Ich weinte und ich wurde so angsterfüllt, dass ich langsam zu rufen und bittend um Freilassung zu betteln begann. Ich war mir sicher, mein Vater stand noch oben an der Tür und wartete auf meine „Einsicht". Da irrte ich mich aber gewaltig. Er war nach oben gegangen und man feierte bei Bier und Whiskey-Cola. Die Stunden vergingen und aus Rufen und Schreien wurde Brüllen. Meine Stimme war heiser und ich versuchte mit aller Kraft die Gittertür aufzubrechen. Das schaffte ich nicht. Aber nach einiger Zeit und mit einigen Kratzspuren konnte ich mich durch einen Spalt zwängen. Ich ging nach oben und hämmerte gegen die Tür.

Ich hämmerte lang und es muss so laut gewesen sein, dass irgendwann Günther aufmerksam wurde. Er fragte meinen Vater wo ich bin und dieser antwortete: „…das es wohl der Michael sei, der da endlich seine Tat eingesehen habe und dass man Kohle sofort nach oben bringt". Günther stand auf und stürzte nach unten. Mein Vater, betrunken wie er war, kam hinterher. Da Günther den Schlüssel zum Keller nicht hatte entbrannte vor der Kellertür eine hitzige Diskussion. Ich konnte die beiden hören.

Nach einiger Zeit kam Klara dazu. Sie überzeugte die beiden Betrunkenen davon, dass man mich nach oben ins Bett schicken sollte. Schließlich ist es schon spät und man möchte auch endlich weiterfeiern. Die Tür öffnete sich. Verdreckt und verheult musste ich meinem Vater versprechen, fortan die Kohlen direkt nach oben zu tragen. Das tat ich ab da an auch immer. Es war mir nicht mehr möglich, im Keller zu spielen.

Wenn ich nach unten musste, rannte ich die Stufen hinab, blockierte die Tür so gut ich konnte mit einem zweiten Eimer voll Briketts, den ich zu diesem Zweck dort stehen hatte, und füllte dann schnell den erste Eimer. Wieder nach oben ins Treppenhaus. Erst als die Tür hinter mir verschlossen war und ich im Hausaufgang war, konnte ich atmen.

Mein Vater hatte jedoch eine Erkenntnis gemacht: der Erziehungserfolg war so effektiv aus seiner Sicht, dass er sich dazu entschloss, den Keller zukünftig in sein Repertoire mit aufzunehmen. Schließlich musste er nie wieder auf die Kohlen warten und er selbst konnte die Kohlen auch nicht schneller holen.

Zu dieser Zeit war die flache Hand ins Gesicht und der Gürtel auf den Hintern schon das Maß der Dinge und man suchte nach einer Steigerung mit Lernerfolg. Dass er ab da beschloss, dass wenn Schläge, seiner Meinung nach nicht reichten, ich einen Aufenthalt im Keller verdient hatte war nur logisch für ihn gewesen, ohne auch nur darüber nachzudenken, wie grausam diese Strafe war. Dieser Kelleraufenthalt in Dunkelheit konnte von Minuten über Stunden gehen und wurde nicht immer im Zusammenhang zur Strafe erteilt. Es gab keine Relation. Ich konnte ungezogen sein und es kam nichts und im selben Atemzug wurde ich für Kleinigkeiten hart bestraft.

Die Dunkelheit ist immer noch nicht mein Freund. Aber wenn mir ein Mensch dabei Gesellschaft leistet, den ich mag, kann ich heute wieder die Ruhe und Stille genießen. Auch wenn ich wandern gehe, kann ich allein im Zelt die Dunkelheit und die Geräusche der Natur genießen. Vielleicht auch, weil dann keine feste Mauer um mich herum ist.

Ich habe mich oft und lange gefragt, warum meine Mutter meine Schwester schützen konnte und nicht mich. Ich fragte mich oft, ob sie mich weniger liebte. Ich musste bis zu den letzten Sekunden und Stunden ihres Lebens warten, um zu wissen, dass sie mich liebte. Sie war einfach noch nicht in der Lage mich zu schützen und es gab noch nicht die Möglichkeiten für Mütter auf der Flucht, die es dann 8 Jahre später für uns gab, als meine Schwester da war.

Heute mit 44 bekomme ich immer noch eine Gänsehaut, wenn ich in den Keller gehe und die Glühbirne mal wieder nicht funktioniert. Das Herz schlägt schneller, aber ich kann damit umgehen. Meine Angst ist nur noch ein Relikt der Vergangenheit und wird irgendwann ganz weg sein.

8. Männer heulen nicht

Meine Lieblingsfilme sind romantisch, am besten gepaart mit Action oder Tragik. Ich liebe es sehr, mir auf YouTube Filmchen anzusehen, in denen Soldaten nach langem Einsatz nach Hause kommen und ihre Kinder glücklich in die Arme nehmen. Dann habe ich jedes Mal einen Kloß im Hals und beim Film „City of Angels" laufen die Tränen über meine Wangen.

Wenn ich meine Jungs beim Spielen betrachte oder einer von beiden mich unverhofft in den Arm nimmt, bin ich auch stets so glücklich, dass die Tränen fließen.

Seltsamerweise war auch mein Vater ein Romantiker, zumindest wenn es um Romane und Filme ging. Er las mir oft die Geschichten vor, die von Abenteuer und Heldenmut handelten. Beim Film „Jail House Rock" mit Elvis war er immer sehr melancholisch und beim Boxerfilm „Der Champ" verließ er zum Schluss immer das Zimmer. Er schaute den Film gerne, wollte aber seine Emotionen nie zeigen. Zuhause galt die Devise „echte Männer heulen nicht". Ich kann mich nur einmal daran erinnern, ihn Weinen gesehen zu haben. Als sich meine Mutter das erste Mal von ihm trennte und er nach Wochen, in denen er uns nicht sehen durfte, am Bahnhof stand und dort, unter Aufsicht einer Jugendamtsmitarbeiterin auf die Knie ging, um mich zu umarmen. Da sah ich das erste und einzige Mal Tränen in seinen Augen.

Meine Mutter hingegen weinte ständig. Entweder, weil sie wieder einmal gedemütigt oder geschlagen wurde oder sie weinte, weil auch sie mich geschlagen hatte, sie verzweifelte oft an sich und ihrer Unfähigkeit sich zu bremsen oder mich zu schützen.

Ich selbst empfinde das Gefühl von Weinen und Trauer heute als ganz normal und würde meinen Kindern nie sagen, dass Man(n) nicht weinen darf. Trotzdem kann ich es nicht. Ich kann einfach nicht loslassen, egal welche Trauer oder welche Wehmut mich befällt. Das Weinen an sich fühlt sich nicht gut an. Ich spüre die Tränen und die aufsteigenden Emotionen. Aber gerade wenn es dann soweit ist, dass das Schluchzen kommen müsste und das Fallenlassen, kommt die Türe, die das alles verschließt. Eine innere Kälte macht sich breit und obwohl die Tränen noch fließen, passt die Emotion, die ich verspüre, einfach nicht mehr dazu. Es gelingt mir eigentlich so gut wie nie, echtes Weinen zuzulassen. Eine Mischung aus Scham, innerer Kälte und unterschwellige Wut macht sich breit.

Als Kind weinte ich zu Beginn oft. Eigentlich weinte ich als Säugling nur und bis ins Alter von vier oder fünf war ich eine echte „Heulsuse". Die katholischen Schwestern in meinem Kindergarten waren emotionslos: Ein Kind, das weinte, wurde in eine Ecke gestellt oder in sein Bett gelegt und da blieb es dann, bis es die Mutter abholte oder es sich wieder beruhigt hatte. Ich habe auch immer wieder in der Schule geweint.

Ich war oft das Ziel des Spottes meiner Schulkameraden. Viele wussten um die armen Verhältnisse und oft trug ich nur geflickte Kleidung oder konnte an den einfachsten Schulunternehmungen nicht teilnehmen, weil uns einfach das Geld fehlte. Wir waren nicht wirklich arm. Aber das Geld, das wir hatten, floss häufig in Alkohol oder Zigaretten. Auch die Tatsache, dass mich meine Mutter als Späthippie in rosa und gelbe Cordhosen mit selbst gestrickten Pullis kleidete, machte es nicht besser.

Sie erschien in den ersten zwei Jahren häufig angetrunken an der Schule und machte sich und mich vor den Mitschülern und den anderen Eltern lächerlich, mit dem Ergebnis, dass ich nur sehr wenige Freunde hatte. Ich durfte zwar zu ihnen zum Spielen, aber sie durften und wollten auch nicht zu mir.

Eigentlich war es meinen Eltern egal, wo ich war. Zu dieser Zeit fürchtete man sich nicht so um seine Kinder wie heute und so war es normal, dass wir alle immer draußen spielten und den ganzen Nachmittag bis zum Abendessen, nicht zu sehen waren.

Wenn ich nun mal wieder heulend nach Hause kam, verspottet oder geschlagen von anderen Kindern, die mich nicht so toll fanden, dann schimpfte mein Vater fürchterlich. Er wollte, dass ich mich wehrte und angriff, statt zurückzuweichen. Und wenn ich nicht aufhörte zu weinen, schüttelte er mich. Echte Männer heulen nicht. Das war auch so, wenn er mich schlug. Ein typischer Satz war: „Wenn du jetzt heulst, bekommst du noch eine". So unterdrückte ich meine Tränen. Mit der Zeit heulte ich nicht mehr. Mein Blick blieb starr. Ich weinte nicht mehr, aber ich lachte auch nicht mehr. Das nahm solche Züge an, dass meine Mutter mich eines Tages so verprügelte, dass der hölzerne Kochlöffel auf meinem Rücken zerbrach. Sie sah mich an und als keine Emotion kam, schrie sie mich an, dass sie mich so lange schlagen würde, bis ich endlich weinen würde.

Das versuchte sie auch, aber als Löffel Zwei zerbrach, schickte sie mich in mein Zimmer und ich hatte Stubenarrest. Mein Vater hingegen fand mein „Nicht-Weinen" großartig. Zwar weinte ich immer noch bei Demütigungen, aber das endete in Schlägen und die wiederum brachten das Heulen zum Stillstand. Mein Vater interpretierte dieses Erdulden der Schmerzen so, dass ich einfach nur gut einstecken kann.

Ab da brachte er mir das Boxen bei und ich war nicht schlecht. Leider hatte das zur Folge, dass ich meine neu erworbenen Kampfkünste an deutlich stärkeren Gegnern ausprobierte, die mich nicht in Ruhe lassen wollten. Ich habe nur einmal den Kürzeren gezogen. Ich wurde so verprügelt, dass ich mich mit einer gebrochenen Nase und mehreren gebrochenen Rippen nach Hause schleppte. Geheult hab ich aber nicht und weil mein Vater das Ganze als fairen Kampf ansah, den ich einfach nur verloren hatte, wurde ein Arzt gerufen, ich verbunden und damit war die Sache vergessen, bis ich wieder in die Schule musste.

Auch später traf ich immer wieder auf solche Raudis und habe stets die Konfrontation gesucht, damals noch oft mit der Faust. Irgendwann kam der Moment der Einsicht; ich war schon ein Jahr bei der Bundeswehr. Dass Menschen ungerecht behandelt werden, mochte ich nicht. Schon gar nicht ich, aber ich versuchte statt mit der Faust, mit meinem eigenen Weg, Fleiß, Selbstbewusstsein und Mut und mit dem Eintreten für Andere und Fairness die Lösung zu finden.

Das letzte Mal habe ich mich an meinem 19. Geburtstag geschlagen und dabei auch wirklich geweint. Wir hatten eine schöne Feier, bis einer meiner Freunde plötzlich eine Pistole zog, die sehr schmerzhafte kleine Kunststoffkugeln verschoss. Die Pistole war lebensecht und ich, der ja nun schon ein Jahr Erfahrung mit Waffen hatte, sagte ihm, dass es kein Spaß mehr ist. Daraufhin fuchtelte er wild mit der Waffe umher und drohte mir. Ich sagte ihm, die Feier sei ab jetzt vorbei. Daraufhin stürmte er auf mich zu und stieß mich nach hinten. Er war ein Bodybuilder, groß, massig und immer aggressiv. Der Stoß traf mich hart und ich stolperte einige Meter zurück. Er kam schon wieder an, der nächste Stoß und der nächste. Ich stolperte und stürzte. Meine Hände bluteten vom Splitt, der auf dem Boden lag. Beim Aufstehen kam er erneut auf mich zu: „Hör auf oder es wird schlimm", schrie ich ihn an. Er beschleunigte seinen Schritt. Als er auf Armlänge war, trat ich einen Schritt nach vorn. Eine rechte Gerade auf seine Nase. Er ging sofort zu Boden und mir war klar, kommt er noch mal hoch, wird es schlimm für mich. Ich kniete auf ihm und verpasste ihm noch einige Schläge. Meine Freunde zogen mich von ihm weg und brachten mich zu meinem Vater, der nur wenige Straßen weiter wohnte.

Dort wartete ich, bis man mich holte. Mein Gegner war im Krankenhaus und die Schwellung in der Hand sagte mir, dass ich auch dorthin musste. Er hatte eine aufgeplatzte Lippe, eine aufgeplatzte Augenbraue und die Nase war gebrochen. Ich selbst hatte einen Trümmerbruch im kleinen Finger und eine ausgerissene Strecksehne. Ich heulte von dem Moment an, als der Kampf zu Ende war, bis zum nächsten Tag – nicht wegen der Schmerzen.

Für mich war es furchtbar, dass ich einen Menschen, den ich liebte wie einen Bruder, geschlagen hatte. Ein paar Monate später fingen mich drei „Jungs" ab, wovon einer tatsächlich auch einer meiner Freunde namens Oskar von der Feier war und der damals Falco ins Krankenhaus brachte.

Er wollte sich für Falco, so hieß der Bodybuilder, rächen. Seine Freunde, zwei Jungs aus seinem Bekanntenkreis, waren nur dabei, damit der Kampf fair sein würde. Zwei Dinge waren mir klar: Ich kann nicht gewinnen und ich werde nie wieder einen Freund schlagen. Als ich das Oscar mitteilte, fing er an, mich zu beleidigen, zu schubsen.

Alles half nichts, ich vergrub meine Hände in der Tasche und sagte ihm, dass ich ihn nicht schlagen werde. Er beschimpfte mich als feige und als ich ihm sagte, dass ich jetzt gehen werde, stießen mich seine Beobachter in seine Richtung zurück. Da schlug Oskar zu, einmal, zweimal und …

… und er musste einsehen, dass ich mich nicht wehren würde. Also lachten mich die Drei aus. Mein Gesicht war blutüberströmt und man ließ von mir ab. Man bot sogar an, mich nach Hause zu fahren, aber das lehnte ich ab. Also ging es Heim, dann ins Krankenhaus, um mir dort den Bruch der Nase attestieren zu lassen. Das war das letzte Mal, dass ich mich geschlagen und das letzte Mal, dass ich richtig geweint hatte.

9. Mutti schläft nur

Ab dem Ende der zweiten Klasse durfte ich allein nach Hause gehen. Der Weg war nicht lang und auch nicht kompliziert. Abgesehen davon holte ich meinen besten Freund auf dem Weg zur Schule oft ab und wir machten einen Zwischenstopp bei der Bäckerin um die Ecke. Dort gab es den besten Käsekuchen der Welt. Für 50 Pfennige gab es ein Stück und ich durfte mir sehr oft eins holen. Anders gesagt, ich sollte mir morgens dort mein Frühstück kaufen und meine Wahl fiel stets auf das Stück Käsekuchen.

Wenn ich dann am Nachmittag nach Hause kam, schlief meine Mutter oft auf der Couch. Sie arbeitete am Abend in einer Kneipe als Bedienung und Küchenhilfe und wenn mein Vater zur Arbeit aufgebrochen war, legte sie sich hin und schlief ihren Kater aus. Es gehörte zum guten Ton, dass meine Mutter mit den Gästen trank und es steigerte das Trinkgeld. Die anderen Bedienungen machten das auch, nur, dass sie ihre Getränke oft mit Wasser streckten. Das tat meine Mutter nicht und auch ihr Trinkgeld fand nicht den Weg nach Hause, sondern verschwand im Spielautomaten mit den Kirschen und Sternen, der in der Kneipe neben der Bar hing.

Ich bin, nachdem ich meine Sachen nach Hause gebracht hatte, oft gleich wieder in den Hof zum Spielen oder an den Fluss und auf die Felder in der Gegend gegangen, um mich mit meinen Freunden zu treffen. Meine Hausaufgaben machte ich nach dem Abendessen und wenn ich heimkam, war meine Mutter nüchtern, hatte gekocht, geputzt und alles war ganz normal. Wenn mein Vater die Tür öffnete, stand das Essen auf dem Tisch und wir aßen auf der Couch am Fliesentisch. Mein Vater saß immer rechts von mir und meine Mutter gegenüber auf dem Sessel, der dort stand. Man schwieg, Bier stand auf dem Tisch, beide rauchten beim Essen und der Plattenspieler lief mit einer der unzähligen Elvis-Platten, die mein Vater hatte. Nach dem Abendessen und den Hausaufgaben durfte ich in die Wanne und danach musste ich ins Bett. Alles in allem eine ganz normale Familie der siebziger, achtziger Jahre.

Wenn ich im Bett lag, hörte ich meine Eltern oft streiten. Sie stritten eigentlich immer, manchmal sehr laut und meine Mutter fing sich auch die ein oder andere Ohrfeige ein. Wenn sie dann zur Arbeit ging, wurde es ruhig in der Wohnung. Mein Vater schaltete den Fernseher ein. Ich war oft so frech, dass ich mich noch einmal herausschlich und heimlich mit ihm Fernseher guckte. Dabei versteckte ich mich hinter dem Sessel. Mein Vater schlief oft auf dem Sessel ein und so guckte ich bis ich so müde war, dass ich selbst das Bett aufsuchte. Schließlich wollte ich nicht erwischt werden.

An einem dieser ganz gewöhnlichen Tage kam ich früher nach Hause. Eine Stunde war ausgefallen und ich freute mich über die unverhoffte Freizeit. Meine Freunde und ich verabredeten uns zum Spielen und ich rannte nach Hause, schnell den Ranzen Heim bringen und dann los.

Meine Eltern hatten am Vorabend wieder sehr doll gestritten. Meine Mutter war am nächsten Tag nicht zur Arbeit gegangen und so erwartete ich, dass sie bestimmt wach ist. Ich hatte gehört, dass sie sich am Abend wieder gegenseitig beleidigt hatten und sich gegenseitig geschlagen hatten. Mein Vater war sehr eifersüchtig und auch wenn wir das Geld brauchten, gefiel es ihm nicht, dass meine Mutter in dieser Bar arbeitete. Es trieben sich dort oft zwielichtige Gestalten herum und Jahre später sollte er damit sogar Recht behalten. Meine Mutter wurde dort Opfer einer Vergewaltigung und mein Vater machte ihr das zum Vorwurf bis er starb. Das erfuhr ich aber erst fast 30 Jahre später.

Als ich nun nach Hause kam, war ich überrascht. Meine Mutter lag auf der Couch und schlief. Ich versuchte sie zu wecken, aber nachdem ich keinen Erfolg hatte, ging ich in mein Zimmer, Ranzen verstauen und schnell Spielkleidung anziehen. Bevor ich ging, drückte ich ihr einen Kuss auf die Wange. Dabei viel mir auf, dass es sehr sauer roch. Meine Mutter hatte sich übergeben und es lief ihr aus dem Mund. Ich erschrak zu Tode und versuchte sie nun zu wecken. Ich schrie und rüttelte, aber alles ohne Erfolg.

Ich war acht Jahre alt und wusste nicht, was ich tun sollte. Also rannte ich nach unten ins Erdgeschoss zu unseren Nachbarn, die dort seit ein paar Jahren wohnten. Die Nachbarn waren mittlerweile schon gute Freunde. Wahrscheinlich auch, weil beide tranken und sie durch die Entfernung der Stockwerke nicht die ständigen Streitereien in der Wohnung hörten. Die Nachbarn über und unter uns, wollten nämlich nichts mit uns zu tun haben und dort durfte ich auch nicht klingeln.

Frau Vogel war Daheim und als ich kurz erzählte, was war, kam sie sofort mit nach oben. Sie ging kurz zu meiner Mutter und als auch sie meine

Mutter nicht wach bekam, rief sie sofort den Krankenwagen. Als meine Mutter dort lag, in ihrem eigenen Erbrochenen, setze ich mich neben sie und streichelte ihren Kopf. Ich hatte Angst und wusste nicht, was los war. Frau Vogel rannte nach unten, um ihren Mann zu holen.

Als ich nun da saß, fiel mir in den Schuhen meiner Mutter eine Schachtel auf. Ich griff hinein, um sie herauszuholen. Dort fand ich eine weitere Schachtel. Auf der einen Schachtel stand „Schmerztabletten", auf der anderen „Schlaftabletten". Beide Schachteln waren leer bis zur letzten Tablette. Als Herr und Frau Vogel in die Wohnung kamen, erzählte ich ihnen sofort davon. Kurze Zeit später waren der Notarzt und der Krankenwagen da. Sie nahmen meine Mutter mit und ich durfte in der Wohnung der Vogels warten.

Mein Vater, in dessen Firma Herr Vogel in der Zwischenzeit angerufen hatte, kam am Abend nach Hause. Er war nüchtern und stinksauer. Bei den Nachbarn angekommen, gab es erstmal einen Schnaps und er schimpfte furchtbar über die „dumme Alte", was die sich denkt, schließlich muss er arbeiten. Man würde ihm die Zeit abziehen und morgen kann er nicht Daheimbleiben, um mich für die Schule fertig zu machen. Frau Vogel bot an, dass ich nach der Schule zu ihr könnte und so beruhigte sich mein Vater.

Wir gingen nach oben und mein Vater erklärte mir, dass meine Mutter versucht hätte, sich das Leben zu nehmen. Er wüsste auch nicht warum. Dann ging er ans Telefon und rief meine Großmutter an. „Du glaubst nicht, was deine Tochter jetzt wieder gemacht hat", begann er. Das Gespräch war kurz. Danach ging er in die Küche und wir machten das Abendbrot.

Ein paar Tage später wurden wir vom Krankenhaus informiert, dass meine Mutter in die geschlossene Abteilung des Krankenhauses Bamberg gekommen sei. Die „Klappsmühle", wie sie bei allen nur hieß oder das „Haus am Berg". Sie lag an einem der sieben Hügel in Bamberg, ein altes Gebäude – alt im Sinne von historisch – mit Säulen, Stuck und hohen Decken. Wir durften, oder besser wir sollten, meine Mutter dort besuchen, um ihren Heilungsprozess zu beschleunigen.

Mein Vater brachte mich zwar zur Klinik, aber ich musste allein hinein, da er „die Alte" nicht sehen wollte. Also stand ich da und wartete auf das Klinikpersonal, das mich durch die Schleuse zu meiner Mutter bringen sollte. Im Inneren der Abteilung sah ich mehrere Menschen: Eine

Frau stand direkt an der Tür. Sie blickte ins Leere und kämmte sich immer wieder mit den Fingern die Haare. Eine andere saß in einem Rollstuhl, Speichel lief aus ihrem Mund. Ich hörte aus einem der Zimmer Schreie, eine Frau kreischte immer wieder um Hilfe, aber es schien sich niemand dafür zu interessieren. Das alles machte mir furchtbare Angst.

Als das Personal kam, führte man mich zu meiner Mutter. Sie saß am Fenster und rauchte. Als ich hereinkam lächelte sie und sagte: „Da ist ja mein kleiner Michl, meine kleine Muschi." Muschi war in meiner Heimatstadt Bamberg die Bezeichnung für eine kleine niedliche Katze, es ist eine liebevolle Bezeichnung und hat nichts Abwertendes. Sie nahm mich lang in den Arm und weinte. „Es wird alles wieder gut und bald komme ich nach Hause", sagte sie.

Nach einer Stunde nahm mich der Arzt wieder mit nach draußen. Dort stand mein Vater, um mich abzuholen. Der Arzt wollte mit ihm allein reden, aber er sagte, ich könnte schon hören, was meine Mutter für Eine ist. In einer kurzen Erläuterung sagte er ihm, dass diese Art von Selbstmordversuch ein Hilfeschrei wäre. Die Anzahl der Medikamente wäre nicht groß genug gewesen, dass der Versuch hätte glücken können. Scheinbar waren beide Schachteln schon zur Hälfte leer und meine Mutter bekäme jetzt Tabletten, mit der es ihr besser ginge. Mein Vater bestand darauf, dass sie bald wieder nach Hause kommen solle und übernahm die Verantwortung für die Entlassung aus der geschlossenen Anstalt.

Zu dieser Zeit war es noch durchaus üblich, dass ein Mann für seine Frau bestimmen konnte und auch die Verantwortung für sie übernahm. Meine Mutter kam auch ein paar Tage später nach Hause.

Ihr Mann kümmerte sich auch wirklich um sie. Er trank nicht, sie stritten nicht und es ging meiner Mutter wieder besser. Auch mit mir kamen sie gut aus. Ich wurde nicht angeschrien, nicht geschlagen und am Abend spielten wir zu Dritt oft ein Kartenspiel Namens „Schnauz", bei dem man mit drei Karten und mehreren Wechseln mit drei der Karten in der Mitte des Tischs versuchen musste 31 oder drei Gleiche zu bekommen. Aber alles Gute hat ein Ende. Langsam begannen beide wieder zu trinken. Meine Mutter auf der Arbeit in der Bar. Mein Vater auf der Arbeit und Zuhause. Sie stritten sich schlimmer als früher und mein Vater hatte als neue Beleidigung: „Willst du dich jetzt wieder umbringen? Dann mach es dieses mal richtig!" mit in seine Schreierei aufgenommen. Meine Mutter schrie

dann oft: „So blöd bin ich nicht mehr, das nächste Mal bring ich dich um!"
Ein Selbstmordversuch ist ein Schrei nach Hilfe, sagte der Arzt.

Meine Mutter schrie noch mehrere Male um Hilfe, was ihr auch immer wieder Aufenthalte im „Haus am Berg" einbrachte. Sie ging immer wieder zurück und durchbrach diese Reihe erst, als sie mit mir und meiner Schwester auszog.

10. Nur ein Schritt

Ich werde oft, besonders von den Frauen in der Familie, gefragt, wie Eltern das alles ihrem Kind antun können und wie ich das als Kind durchstehen konnte, ohne Schaden zu nehmen.

Heute weiß ich natürlich, dass ich Schaden nahm und ich konnte nach Jahren der Aufarbeitung, auch bis zu einem gewissen Maß, verstehen, warum sich meine Eltern so verhalten haben. Ich habe bis zum heutigen Tag Schwierigkeiten, mit emotionalen Dingen vernünftig umzugehen. Und auch der Umgang mit Geld, Alkohol oder die Ablehnung durch Personen, die mir selbst etwas bedeuten, wirkt sich teilweise sehr drastisch bei mir aus. Oft bekomme ich zu hören „Das hätte ich nicht geschafft".

Vielen meiner Freunde ging es sehr ähnlich wie mir und auch die Fluchtversuche meiner Mutter haben uns immer nur in Kreise gebracht, die das gleiche Schicksal oder Schlimmeres teilten. Ich war immer in der Lage, mich selbst zu reflektieren, auch wenn mich manches Mal das Selbstmitleid überwältigte und mich ungerecht gegen das Leben und andere werden ließ.

Auch heute bin ich in stressigen Situationen oft in einer Verteidigungsstellung und manche schaffen es, mich so zu provozieren, dass ich ungerecht und verletzend werde. Dennoch, die Selbstreflexion danach bringt mich immer wieder zu den wichtigen Menschen zurück und ich schaffe es sachlich und vernünftig, wohlwollend und liebevoll in eine Lösung zu gehen. Als Kind hatte ich diese Möglichkeiten nicht.

Die Eltern meines Vaters wollten nichts mit uns zu tun haben. Mein Großvater hatte erneut geheiratet, nachdem er sich von seiner Frau, die er während des Zweiten Weltkrieges nur geheiratet hatte, damit sie sein Kind nicht als Bastard zur Welt bringen würde, getrennt hatte. Mit seiner neuen Frau hatte er auch wieder neue Kinder und später auch Enkelkinder. Für meinen Vater gab es jedoch schon früh nur Verachtung und Unwillen. Mein Vater war einfach nur ein lebender Fehler und damit ab dem ersten Tag wertlos. Auch zu mir sagten meine Großeltern einmal genau das, unabhängig wie gut oder fleißig ich war oder werden würde. „Wir sehen in dir das Kind deines Vaters und Unrat bringt nur Unrat hervor. Du wirst immer wie dein Vater werden und der taugt nichts." Ich war 17 und hilf- und wehrlos gegen diese Argumentation. Da ich selbst wusste, wie wenig mein Vater taugte und mir 16 Jahre lang, sowohl Vater als auch Mutter immer wieder sagten, dass ich nichts taugte und wäre wie mein Vater.

Warum also nicht aufgeben, warum weitermachen? Diese Frage habe ich mir nur ein einziges Mal in meinem Leben gestellt: Ich war acht oder neun Jahre alt und ich bin damals immer wieder von Zuhause geflohen, wenn ich Angst hatte oder es mal wieder besonders schlimm zwischen meinen Eltern stand. Das kam zwar nicht so oft vor, aber wenn, dann war es die Hölle. Sie prügelten sich regelrecht und schrien so unglaublich laut. Was sie sagten war das Schlimmste überhaupt. Vorwürfe, Beleidigungen und Drohungen.

Beide bauten auch immer wieder mich in ihre Beschimpfungen ein. Mein Vater sagte Dinge wie: „Der kann nicht von mir sein. Du Hure hast ihn doch von einem Anderen" oder „Du erziehst ihn zu einem Waschlappen ohne Wert." Meine Mutter konterte dann häufig mit: „Der ist jetzt schon wie du, wertlos und gefühllos. Ich wünschte, ich hätte von dir nie ein Kind bekommen. Dann könnte ich dich zum Teufel jagen" oder „Ich wäre froh, wenn er ein Mädchen wäre. Dann würdest du ihn vielleicht nicht so schlagen."

All das hörte ich in meinem Zimmer und sah oft am nächsten Tag die Überbleibsel der Gewalt. Meine Mutter hatte Blutergüsse und blaue Augen. Sie hingegen zerstörte oft Dinge in der Wohnung und zerbrochene Gegenstände lagen in der Wohnung oder im Müll. Wenn es also so schlimm war, schlich ich mich aus der Wohnung in den Hof und kletterte dort auf den Fliederbaum, der dort stand oder spielte im Sandkasten. Nur sehr selten verlagerte sich der Streit in die Küche und dann konnte ich sie auch im Hof hören. Dann floh ich nach draußen.

An einem dieser Tage, als Flucht in den Hof nicht mehr half, ging ich mal wieder nach draußen. Es war bereits dunkel und ich ging nur die mir bekannten Wege. Einer dieser Wege führte über die Löwenbrücke mit der Regnitz darunter. Ich hatte vor wenigen Wochen den ersten Selbstmordversuch meiner Mutter erlebt und hatte verstanden, dass ein solcher Versuch ein Schrei nach Hilfe sei. Ich fasste den Entschluss: Ich wollte beide zur Vernunft rufen. Kein Schreien mehr, keine Streits und keine Gewalt. Ich wollte um Hilfe schreien und gehört werden. Selbst, wenn ich danach Ärger bekommen würde. Die Tatsache, dass ein Sprung von der Brücke aus 15–20 Meter Höhe, ohne schwimmen zu können, in einen Fluss mit starker Strömung, wahrscheinlich tödlich enden würde, war mir nicht so ganz klar. So weit dachte ich in dieser Sekunde nicht.

Ich schritt ans Geländer, direkt an eine Lampe. Diese war aus. Nur jede zweite Lampe auf der Brücke war an und so konnte ich im Halbdunkeln aufs Geländer klettern. Unter mir war es schwarz. Es war schon zu dunkel, um den Fluss zu sehen und so konnte ich nur das Rauschen der Strömung hören. Ich spürte den frischen Wind und die Kühle des Metalls der Laterne an meiner Hand. Jetzt noch ein Schritt. Noch nach vorne lehnen und dann würden sie schon alle sehen. Sie würden sich ärgern und weinen. Sie würden verstehen, dass sie falsch handelten und bestimmt auch ihren Michl vermissen. Sie müssten mich vielleicht auch im Krankenhaus besuchen und dann würden sie es bereuen.

Mein Fuß erhob sich und ich wurde plötzlich geblendet. Ein Auto kam um die Ecke und die Scheinwerfer erfassten mich im hellen Schein. Ich sprang nach hinten wieder zurück auf die Brücke und machte mich sofort ganz klein. Nur nicht gesehen werden. Aus irgendeinem Grund hatte ich unglaublich Angst, erwischt zu werden. Vor meinem inneren Auge sah ich mich von der Polizei nach Hause gebracht, von meinen wütenden Eltern in Empfang genommen werden. Ich hatte Angst vor den Schlägen, der Bestrafung und was sonst noch alles kommen könnte. Als das Auto an mir vorüber war, hoffte ich sehr, dass mich niemand gesehen hatte. Ich nahm die Beine in die Hand und rannte die wenigen 100 Meter nach Hause.

Aus unserer Wohnung drang laute Musik. Als ich mich wieder in die Wohnung schlich, sah ich sie. Beide saßen auf der Couch, sie rauchten und tranken Bier. Mein Vater trank immer in diesen ekelhaften großen Schlucken, als ob er die Flasche auffressen würde. Den Hals der Flasche fast vollständig im Mund und immer mindestens ein Drittel der Flasche auf einen Zug. Meine Mutter blickte mit glasigen Augen auf, sie sah mich und registrierte mich dort stehend. Liebevoll sagte sie: „Michl, was machst du denn hier? Du sollst doch schlafen!" Niemand hatte gemerkt, dass ich weg war. Sie dachte, ich bin einfach nur aus dem Bett aufgestanden und brachte mich zurück. In dieser Sekunde war mir klar: Selbst wenn ich gesprungen wäre, sie würden es nicht merken. Ich fragte mich, wie oft sie es schon nicht bemerkt hatten und machte mir diese Erkenntnis später oft zu Nutze, um einfach zu fliehen. Es merkte ja sowieso niemand.

11. Ein halbes Jahr Garage

Kurz nach meinem 8. Geburtstag verließ meine Mutter meinen Vater. Meine Schwester war geboren und aus Angst, dass es ihr so ergehen könnte wie mir, floh sie in ein Frauenhaus und später dann in eine Wohnung, in eines der ärmeren Stadtviertel von Bamberg.

Ein bayerischer Komiker sagte einmal über dieses Viertel (es hieß Wunderburg und Gereut): „Der einzige Grund in diese Gegend ein Einkaufszentrum zu bauen, ist, dass es die Ladendiebe dann nicht mehr soweit nach Hause hätten." Bamberg war über die Stadtgrenzen hinaus für diese Gegend bekannt. Leider nicht im Positiven.

Durch diese Flucht waren wir allerdings gezwungen umzuziehen und aus Sicht des Jugendamts konnte ich nur bei meiner Mutter wohnen. Für mich war diese Flucht schlimm. Ich verstand nicht, warum wir schon wieder weg mussten. Die neuen Wohnungsumstände machten es nicht besser. Wir lebten im Frauenhaus zu dritt in einem Zimmer. Erst als wir die neue Wohnung bezogen, hatte ich wieder ein eigenes Zimmer. Aus dem Frauenhaus konnte ich noch täglich in die Schule laufen, aus der neuen Wohnung allerdings musste ich immer mit dem Rad fahren.

Da ich zu der Zeit die 4. Klasse besuchte, beschloss man, dass ich sie an meiner alten Schule zuende führen sollte. Der Unterricht langweilte mich. Der Stress mit meinen Eltern und die Alkoholsucht beider waren mein bestimmendes Denken. Einerseits wollte ich nicht zu meinem Vater zurück, andererseits vermisste ich ihn und meine gewohnte Umgebung unglaublich. Meine Mutter hatte schnell neue Freunde gefunden und sie war oft glücklich. Leider teilten diese Freunde die Vorliebe für Alkohol und so blieb diese bestimmend im Alltag. Meine Schwester konnte friedlich auf dem Spielplatz spielen, der in der Nähe des Kiosks am Fluss stand, in dem sich meine Mutter zum Ratschen und Trinken traf und ich musste in die Schule.

Mein Vater ging früh zur Arbeit und ich selbst war der Einzige mit, aus meiner Sicht, ungerechten Arbeit. Ich musste früher aufstehen. Mein Pausenbrot bestand oft aus Zuckerbrot. Ja, Zuckerbrot: ein Weizenbrot, dick mit Butter bestrichen und mit Zucker bestreut. Es gab auch immer Zuckernudeln und Milchreis.

Jahre später, meine Mutter war schon längst Großmutter, meine

Schwester hatte meine Nichte bekommen, erzählte sie mir, warum es das immer gab. Nach der Trennung meiner Eltern waren wir arm. Am Tiefpunkt, das Geld ging für Alkohol und Zigaretten drauf, und das wenige, das blieb, für das Essen. Brot, Zucker, Butter, Nudeln und Milch. Das war einfach günstig und „nahrhaft". Meine Mutter kaufte oft älteres günstigeres Brot. Nach ein paar Tagen begann sie den Schimmel vom Brot abzuschneiden und mit Butter und Zucker war der Geschmack für mich als Kind großartig. Ich merkte anfangs auch nichts davon. Meine Mutter verzichtete oft auf Ihren Anteil am Essen. Sie sagte oft, dass sie für uns Kinder verzichtet hätte. Die Wahrheit ist aber, dass wir genügend Geld gehabt hätten, um alle satt zu werden. Aber der Zigaretten- und Alkoholkonsum waren so stark, dass dieser Zwang wichtiger war, als selbst zu essen und die Kinder vernünftig zu ernähren.

So war ich also mit Zuckerbrot und Rad auf dem Weg zur Schule. Meine Mutter war auf dem Weg zu ihrem Kiosk und mein Vater schon längst auf der Arbeit. Ich selbst war, wie so oft in den letzten Wochen, zu spät dran. Nur wenige Minuten, aber es graute mir davor. Ich konnte nicht einfach in die Schule und ins Klassenzimmer. Man musste draußen klingeln. Erst dann brachte mich die Sekretärin des Direktors in das Klassenzimmer. Dort angekommen durfte ich meine Sachen hinstellen und musste mich dann in die Ecke neben der Tafel stellen. Dort blieb ich die selbe Anzahl an Minuten, die auch meine Verspätung betrug.

An diesem Tag war ich besonders in Eile und war auch schon so zu spät, dass ich Panik davor hatte, wieder in dieser Ecke zu stehen. Klingeln, reinkommen, ab ins Klassenzimmer. Ich stand erst wenige Sekunden, als ich merkte, dass ich auf Toilette musste. Ein Blick auf die Uhr und ich wusste, nur noch wenige Minuten bis zur Pause. Dann konnte ich gehen. Ich wollte nicht zusätzlich auffallen. Leider hatte ich meine Fähigkeiten einzuhalten überschätzt und so bildete sich plötzlich ein großer dunkler Fleck im Schritt… eingepullert und das mit 11. Das Gelächter war groß und meine Lehrerin schickte mich zum Umziehen in die Umkleide. Meine Hose wurde auf die Heizung zum Trocknen gelegt und ich trug eine kurze Sporthose aus der Fundgrube der Sporthalle. Aufgrund der Witterung musste ich drin bleiben, während alle anderen draußen spielten. Gegen Mittag durfte ich meine nach Urin riechende Hose wieder anziehen. Der Spott war groß und als ich Daheim bei meinem Vater ankam, der um die

Ecke wohnte, hörte er sich die Geschichte an und gab mir eine Ohrfeige. Er versprach, mir beizubringen nicht mehr in die Hose zu machen, was er auch wenig später auf seine Art versuchte.

Für mich war jedoch klar: Ich komme nicht mehr zu spät. Dies gelang mir auch ein paar Tage lang und dann, dann war ich wieder zu spät. Ich fuhr nicht zur Schule, sondern direkt zu meinem Vater. Ich hatte für mich beschlossen, wenn ich schon Ärger bekomme, dann fürs Schwänzen und nicht fürs Zuspätkommen.

Als ich bei ihm ankam, fand ich die Wohnung leer vor. Ich verbrachte meinen Tag mit Fernsehen und im Hof spielen. Ich war mir sicher, dass es Ärger geben würde. Als mein Vater am Abend heim kam und mich fragte, wie mein Tag gewesen sei, sagte ich einfach: „gut." Er bat um meine Hausaufgaben. Ohne groß nachzudenken, gab ich ihm die Bücher mit den Fächern, die ich an diesem Tag gehabt hätte. Wählte die Seiten, die in der Reihenfolge dran gewesen wären und machte „meine Hausaufgaben".

Am Tag darauf hatte ich Angst, in die Schule zu gehen, ich hatte keine Entschuldigung und wollte auch nicht auffliegen. So schrieb ich mit der Handschrift meiner Mutter eine Entschuldigung.

Bereits in der 1. Klasse fiel meiner Lehrerin auf, dass meine Mutter eine sehr kindliche Handschrift hatte und fragte damals misstrauisch nach. Da ich eh schon eine schrieb, dachte ich mir, dann schreib doch gleich eine für die ganze Woche. Gesagt, getan. Und nachdem in der Woche darauf niemand fragte, dachte ich mir, was einmal klappt, klappt wieder. Die Woche darauf war allerdings schwieriger. Ich konnte nicht nach Hause zu meinem Vater, er war noch Daheim und ging erst weit nach Schulbeginn zur Arbeit. In die Stadt konnte ich auch nicht. Das wäre aufgefallen in einer Kleinstadt wie Bamberg.

Nach einiger Überlegung kam ich auf die Idee, mich in der Garage zu verstecken, die im Hinterhof unseres Hauses war. Mein Vater war dort oft am Wochenende und hatte dort alles an Werkzeug, das er so brauchte. Er war ein geschickter Handwerker und sein Vater ließ ihn im Haus als Hausmeister tätig sein. Dafür zahlte er etwas weniger Miete und mein Großvater sparte Unmengen an Geld für „Profis".

Ich wusste, wie man in die Garage kam, ohne durch die Türe zu müssen. Ein Fenster war immer offen und vom Fliederbaum aus, der daneben stand, konnte ich mich durch den offenen Spalt zwängen. Ich war sehr klein und schlank. Es hatte etwas Abenteuerliches. Abends machte ich dann bei ihm die Hausaufgaben oder fuhr wieder zu meiner Mutter und machte sie dort.

Die Tage vergingen wie im Flug. Ich bastelte in der Garage und hatte lediglich die Aufgabe mein Fahrrad zu verstecken, was im Buschwerk hinter dem Flieder gut gelang und dann in der Garage zu verschwinden. Aus Tagen wurden Wochen und aus Wochen Monaten. Nach einem halben Jahr dann war, ohne dass ich es wusste, die Grenze erreicht. Die Schule informierte das Jugendamt. Meine Eltern wurden vorgeladen. Da sie nicht wussten, worum es ging, waren sie sehr geschockt, als ihnen das Amt und die Lehrerin mitteilten, dass sie mich nicht einfach für ein halbes Jahr von der Schule fern halten konnten. Beide verdächtigten sich gegenseitig und die Dame vom Jugendamt wurde misstrauisch. Bei den anschließenden Befragungen fiel auf, dass man mich früher oft aus der Schule gelassen hatte, scheinbar um Spuren der Gewalt zu vertuschen und auch die Lehrerin steuerte Ihren Teil zur Aufklärung bei. Viele der Gespräche liefen darauf hinaus, dass ab jetzt eine Betreuung durch das Jugendamt notwendig wurde. Ich selbst musste wieder in die Schule und aufs falsche Gleis. Mein Schwänzen war aufgeflogen und ab da fehlte ich nicht mehr unerlaubt.

12. Leider Bestanden

Die Schule gestaltete sich nach meiner Wiederkehr als Spießrutenlauf. Aufgrund der Überwachung durch das Jugendamt und auch der meiner Eltern konnte und wollte ich dem Unterricht aber nicht mehr fernbleiben.

Wir waren in der Orientierungsstufe und nach dieser Klasse würde sich entscheiden, wer in das Gymnasium oder in die Realschule durfte. Die Klassen waren zu dieser Zeit schon sehr überfüllt und man hatte bis zu 35 Schüler in jedem Raum. Die Lehrer waren oft überfordert und auch das Schulsystem war nicht darauf ausgelegt, viele Sitzenbleiber zu verkraften. Der Ehrlichkeit halber muss man auch sagen, dass der Unterricht straff und organisiert war. Der Notenschnitt in der Klasse war sehr gut und nur wenige beziehungsweise keiner würde die Versetzung nicht schaffen. Ich war eines der wenigen Problemkinder der Klasse, in diesem Maße, sogar das Einzige und somit wurde im gemeinsamen Rat zwischen meinen Eltern, dem Jugendamt und dem Lehrerkollegium beschlossen, dass man mir eine Chance geben müsse, um den Anschluss nicht zu verpassen. Dass diese Entscheidung darauf beruhte, dass mein Vater der Meinung war „Hauptsache Hauptschule" , das Jugendamt der Meinung war „der schafft das eh nicht" und die Lehrer aufgrund meines Fehlens und des Stresses mit Amt und Eltern der Meinung waren „Hauptsache raus aus meiner Klasse" kann ich nicht sagen. Ich wünschte mir, dass es nicht so war, aber hatte leider auch genau dieses Gefühl. So wurde ich also in die Klasse gesetzt und machte in jedem Fach einen Test zur Probe. Die Schule wollte meinen Leistungsstand testen. Da ich ja immer fleißig Hausaufgaben gemacht hatte, um nicht aufzufliegen, bestand ich jeden Test mit Note 3 oder 4. Leistungsstand war gegeben, um in die 5. Klasse Hauptschule zu wechseln, vielleicht sogar in die Realschule. Ich durfte alle ausgefallenen Prüfungen nachholen und war damit in der Lage, in die 5. Klasse zu wechseln. Die Noten waren allerdings so schlecht, dass es nicht fürs Gymnasium, aber eben so gut, dass es knapp für die Realschule gereicht hätte. So schlug man vor, dass ich doch erst einmal in der Hauptschule verbleiben sollte.

Ich wechselte in eine Schule in meiner Gegend. Das war dann auch das Ende des Realschulwunsches der Lehrer. Ich selbst wusste gar nicht, was ich wollte oder sollte. Mein Vater war sehr einfach und war der Meinung, dass Hauptschule das Beste wäre. Schließlich kann man direkt danach eine Ausbildung beginnen und eine Lehre abschließen. Handwerk hat ja goldenen Boden.

Die neuen Lehrer waren desinteressiert, verzweifelt und frustriert. Die Schüler aus der Gegend gehörten definitiv nicht zur Crème de la Crème und der Wechsel zwischen Mobbing und Schlägerei war ab da allgegenwärtig. Lediglich meine Möglichkeit an Zigaretten zu kommen, schützte mich etwas. Lernen fiel mir leicht. Meine Noten waren nicht schlecht, aber leider auch nicht so gut, dass ich in die Realschule hätte wechseln können.

Die Einzige, die in die Realschule wechselte, war meine Mutter. Sie hatte bei der Stadtverwaltung eine Stelle bekommen und putzte ab da an im Wechsel die öffentlichen Toiletten der Stadt und die Realschule, die sie am Wochenende schrubbte.

Ich selbst war auf mich gestellt. Früh zur Schule. Den Tag über allein und am Nachmittag kam sie mit meiner Schwester nach Hause, die sie aus dem Kindergarten holte. Dann ging es oft direkt zum Kiosk. Wir Kinder durften spielen. Der Spielplatz war toll und man kannte sich. Oft gab es Süßes und auch mal Limo und Eis.

Meine Mutter half mittlerweile im Inneren des Kiosk am Tresen und bekam so das ein oder andere Bier oder eine Schachtel Zigaretten umsonst. Auch der eine oder andere Mann machte ihr schöne Augen und so dauerte es nicht lange, bis sie sich verliebte. Für mich war nur umso weniger Platz in dieser Geschichte. Meine Mutter war friedlicher, sie schlug fast nicht mehr. Eigentlich gar nicht mehr.

Ich selbst wurde ihr aber immer fremder. Ich wurde aggressiv, laut, nahm die Züge meines Vaters an und war auch körperlich brutal und beleidigte sie, wo es nur ging. Ich nahm die Rolle meines Vaters komplett ein und sie wurde mir gegenüber immer kälter und abweisender. Zumindest empfand ich es so. Es war jedoch nur Verzweiflung und Angst.

Sie wusste nicht, wie man erzieht, nicht wie man liebt und nicht, wie man ohne Gewalt Grenzen aufzeigt. Meine Schwester hatte es auch nicht einfach: Sie durfte alles, ohne Regeln. Sie hatte keine Grenzen. Sie musste nichts überschreiten. Und so entwickelten wir uns beide falsch; beide mit der falschen Wahrnehmung von Liebe. Ich verrohte, vereinsamte und wurde zum Außenseiter in der Schule. Meine Schwester suchte nach

Grenzen und Regeln, suchte für sich nach Liebe und Nähe.

Die Fahrt ging weiter. Das falsche Gleis war ab da an unsere Schiene, zu dieser Zeit noch sehr dicht nebeneinander. Ich liebte meine kleine Schwester sehr. Wollte sie beschützen und für sie da sein. Je älter sie wurde und je älter ich wurde, gingen diese Wege aber auseinander. Sie war an meine Mutter gebunden, durch Freiheiten die sie hatte, Liebe und dem gemeinsamen Weg ohne Gewalt durch meinen Vater. Ich an meinen Vater, durch Verhalten und meine damalige Erziehung durch ihn. Es dauerte lange, bis ich meine Weiche selbst stellen konnte. Fast 20 Jahre.

Die nächsten zwei Jahre in der Schule waren bestimmt von Flucht, Gewalt und Mobbing. Ich ging in die Schule und bestand jede Klasse. Leider nur mit mäßigen Noten. Nach zwei Jahren musste ich dann auf eine neue Schule wechseln. Diese Schule lag in einer noch schlimmeren Gegend. Da ich bereits in meiner alten Schule die Erfahrung gemacht hatte, dass ich das Opfer von Mobbing und Spott werden würde, war ich davon überzeugt, dass es dort auch so werden würde und sollte mich später auch nicht irren.

13. Ein Heim für Gummibären

Ab der 4. Klasse war das Jugendamt auf uns aufmerksam geworden. Sie hatten meiner Mutter zur Flucht mit meiner Schwester und mir geraten und ihr geholfen, das Ganze umzusetzen.

Sie organisierten eine neue Wohnung und die Sachverständigen sorgten dafür, dass das gemeinsame Sorgerecht zu einem Sorgerecht für meine Mutter wurde und mein Vater lediglich Besuchsrecht bekam. Meine Mutter war anfangs überglücklich über diese Situation.

Das Jugendamt jedoch verlor nicht seinen Auftrag aus den Augen: Den Schutz der Kinder. Meine Mutter war fest davon überzeugt, dass sie eigentlich alles richtig machte und lediglich mein Vater der Grund allen Übels war. So war es für sie auch absolut unglaublich, dass sich das Jugendamt herausnahm, weitere Termine zu beantragen oder sie vorzuladen, wenn sie nicht anwesend war oder nicht zu Terminen erschien, um mit der Mitarbeiterin über ihr Verhalten und das ihrer Kinder zu sprechen.

Die Sachverständige, die bestellt wurde, war eine Psychologin. Ab der ersten Sekunde hatte meine Mutter beschlossen, ihr aggressiv gegenüber zu treten. Uns Kindern trichterte sie ein, dass uns diese Frau wegholen sollte und wir dann alle in ein Heim kämen.

Meine Schwester war noch sehr klein. Und obwohl meine Mutter sehr stark dem Alkohol zugewandt war, wurde ihr durch ihre Freunde und Nachbarn bestätigt, dass sie ihre Tochter sehr umsorgte und liebte. Die Kindergartenbesuche waren pünktlich und die Kleine war immer gut angezogen und sauber.

Bei mir hingegen sah die Sache anders aus. Die Lehrer hatten entdeckt, dass ich rauchte und offensichtlich auch meine Zigaretten weitergab. Ich war unsauber mit den Hausaufgaben, unterernährt und hatte schon zu dieser Zeit sehr schlechte Zähne. Das fiel dem Schulzahnarzt auf. Meine Sachen waren zwar sauber, aber oft auch zu groß oder kaputt. Die Unterschrift und die Briefe, seien es Entschuldigungen oder Absagen für Ausflüge, warfen Fragen auf. Nicht nur die kindliche Schrift sondern auch die sehr schlechte Schreibweise und die vielen Fehler wurden auffällig.

Ich selbst war ständig in Streits und Schlägereien verwickelt. Ich war nicht zuverlässig, stets abgelenkt, hatte depressive Züge und war oft aggressiv und beleidigend. Das alles führte letzten Endes dazu, dass eine neue Gutachterin kam. Diese war streng, sehr streng. Sie kam unangekündigt und erfragte bei den Nachbarn, wo ich oder meine Mutter seien. Wenn meine Mutter bei den Freunden am Kiosk war, ging sie dort hin. Sie stellte sie zur Rede. Sie befragte mich allein. Ich musste zum Arzt, um mich nach körperlichen Schäden untersuchen zu lassen. Hier verstrickte sich meine Mutter dann zunehmend in Widersprüche. Mein körperlicher Zustand, alte Narben und meine Art, wiesen auf lange Jahre der Misshandlung hin. Auch die Gespräche mit mir führten zu diesem Ergebnis.

Meine Mutter war schon längst in Panik und statt mit Einsicht auf die Dame vom Amt zu reagieren, hatte sie nur die Gedanken Flucht und Angriff. Flucht, indem sie Termine nicht wahrnahm oder sich verleugnen ließ. Angriff, wenn die Dame dann doch einmal mit Erfolg meine Mutter antraf. Sie warf ihr vor, sie wisse nicht, was sie alles durchgemacht hätte. Das man das auch beachten müsse. Das sie gar nicht so viel trank, wie es das Amt sagte und dass ich nicht unterernährt, sondern einfach nur sehr schlank sei. Auch zum Thema Zähne sagte sie, dass es doch in Ordnung sei, wenn die Ersten Karies hätten. Bei den Zweiten würde sie dann schon aufpassen.

Die Dame vom Amt schlug allerlei Hilfe vor. Meine Mutter erwies sich jedoch als unzuverlässig und jegliche Hilfe verpuffte: Sei es ein Psychologe zur Therapie, eine Haushaltshilfe, die meiner Mutter helfen sollte und letztendlich schnell wieder weg war. Meine Mutter hatte ja trotz allem die Wohnung sauber. Lediglich die Sache mit mir lief nicht gut. Auch das mit dem Essen war in Ordnung. Ich war ja einfach nur nicht Daheim, um zu essen.

Nach einem sehr langen Hin und Her machte die zweite Gutachterin leider einen großen Fehler. Eines Tages nahm sie mich mit. Meiner Mutter sagte sie, dass der Termin zu einem Einzelgespräch bestimmt sei. In Wirklichkeit fuhr sie mit mir in ein Heim in der Nähe meiner Heimatstadt. Sie ging mit mir dorthin, zeigte mir alles und war fest davon überzeugt, dass ich mich in der Einrichtung wohlfühlen würde und sozusagen darum bitten würde, dorthin zu dürfen. Allerdings hatte sie die Rechnung ohne den Wirt gemacht. Das Wort *Heim* löste sofort Panik aus. Alles was mir meine Mutter und mein Vater prophezeit hatten, traf zu: Das Jugendamt will dich von Zuhause wegholen und dann darfst du nie mehr zurück. Ich wollte da nicht hin und brach in Tränen und Aggressionen aus. Die

Gutachterin versuchte alles, um mir die Sache zu erklären und mich zu beruhigen und dann sagte sie es, etwas das ihre Karriere beenden sollte und mich vor dem Heim „bewahrte": Sie bot mir Süßigkeiten an, wenn ich dem Heim zustimmte. Sie sagte: „Wenn du freiwillig ins Heim gehst, bekommst du von mir ganz viele Gummibären. Du darfst es aber niemanden sagen."

Zuhause angekommen, erzählte ich in Panik meiner Mutter, dass die böse Frau mich wegholen will und mir Gummibären angeboten hatte. Meine Mutter ging am nächsten Tag sofort zum Amt. Sie reichte eine offizielle Beschwerde ein. Nach eingehender Prüfung kam heraus, dass auch andere Kinder, die schon im Heim waren, von ihr mit Gummibären bestochen wurden. Es handelte sich um jüngere Kinder, die auf die Süßigkeiten deutlich besser ansprachen als ich.

Das war das Ende der Dame. Wir hörten nie wieder von ihr. Das Amt war nun zwar gewarnt, aber aufgeben wollte man nicht. Eine dritte Gutachterin wurde bestellt. Da jetzt auch meine Mutter und mein Vater gewarnt waren, stellten sie sich ab dieser Maßnahme klüger an. Es gab gesundes Essen auf den Tisch. Man war pünktlich und ich selbst, aus Angst heraus, war da und log, dass sich die Balken bogen. Leider war ich auch bei meinem Vater zum Lügen geneigt und so verheimlichte ich seine Misshandlungen mir gegenüber und seine Alkoholsucht. Alles, was die erste Gutachterin geschrieben hatte, wurde nicht mehr beachtet und somit war nur das Neuerzählte von Wert. Das häufige, auch unangekündigte, Erscheinen führte dazu, dass mein Vater wieder in die Betrachtung für ein gemeinsames Sorgerecht gezogen wurde.

Vom Gericht wurde festgelegt, dass fortan beide das Sorgerecht hätten, zumindest für mich. Das Sorgerecht für meine Schwester blieb bei meiner Mutter. Die dritte Gutachterin mochte meinen Vater und so wurde vereinbart, dass ich zwar in die neue Schule ging und ein Zimmer bei meiner Mutter behalten sollte, aber dass eben unter der Woche mein Vater für mich sorgte.

Ich musste von ihm aus mit dem Rad in die Schule. Er sorgte dafür, dass ich pünktlich wach und somit auch pünktlich in der Schule war. Am Nachmittag musste ich in einen Hort zur Hausaufgabenbetreuung und konnte dort auch mit anderen Kindern spielen, bis mich mein Vater nach der Arbeit abholte.

Meine Mutter sah ich am Wochenende, war dort aber zunehmend unglücklich. Mit meinem Vater verstand ich mich ziemlich gut. Da ich eine lange Zeit nicht geschlagen wurde, sei es auch aus der Angst heraus mich ans Amt zu verlieren, fühlte ich mich bei ihm so wohl, dass ich irgendwann äußerte, nicht mal mehr am Wochenende zu meiner Mutter zu wollen. Im Nachhinein war das gut für mich. Mein Vater arbeitete fleißig und abends kochte er. Er trank zwar viel, aber es gab wenig Streit.

Meine Mutter war mittlerweile komplett auf meine Schwester konzentriert. Auch ihr neuer Freund spielte eine große Rolle in ihrem Leben. Für mich war in dieser Zeit einfach kein Platz. Ich bemerkte nicht, wie sehr mich meine Mutter vermisste. Sie versuchte mich noch in meiner Entscheidung zu bestärken und zeigte mir nicht ihre Ängste und Sehnsüchte. Leider hatte das den Erfolg, dass ich mich immer weiter von ihr entfernte. Bei meinem Vater wurde die Sache ganz klar dargestellt: Erst hat deine Mutter die Familie kaputt gemacht, dann ist sie abgehauen und jetzt will sie dich nicht mehr. Er redete mir mit der Zeit ein, dass sie mich ihm wieder wegnehmen würde, nur um ihn unglücklich zu machen. Meinem Vater war klar, dass es nicht so war wie er es darstellte. Meine Mutter liebte mich, aber er wollte mich kein drittes Mal hergeben.

Auch mein Leben im Hort hatte sich geändert: Wir hatten einen Schwung neuer Schüler bekommen, die aus einem Heim für Asylsuchende aus dem Kosovo und Rumänien stammten. Diese Kinder waren anders. Sie mobbten, sprachen oft nur in ihrer Sprache und ich hatte unter ihnen keine Freunde. Die wenigen, die ich im Hort hatte, kamen meistens aus der Gegend und durften nach Hause, wenn sie alle Aufgaben gemacht hatten. Ich musste dort bleiben, bis mein Vater kam.

Wie extrem ich mich in Angst und Panik entwickelte zeigte sich in einer unerwarteten Begegnung: Ich spielte gerade im Hof der Horteinrichtung, als meine Mutter plötzlich da stand. Meine Großmutter, die ich sehr liebte, war bei ihr. Meine Schwester saß im Kinderwagen. Sie rief mich zu sich und ich ging ein paar Schritte zu ihr. Sie rief mir zu, dass sie alle zusammen in den Zoo nach Nürnberg fahren wollen und wenn ich möchte, kann ich gerne mit. Als ich bemerkte, dass meine Mutter angetrunken war, zumindest dachte ich das, war mir sofort klar: Die wollen dich wegholen. Ich fing an um Hilfe zu brüllen. Rannte zu einer Erzieherin und war so panisch, dass man mich nicht beruhigen konnte. Die Erzieherin ging zu meiner Mutter, ich rannte nach drinnen und versteckte mich. Nach einiger Zeit erzählten mir meine Erzieherin und der Leiter, der mittlerweile dabei war, dass es tatsächlich so war, dass sie mich mit in den Zoo nehmen wollten. Sie hatten sogar eine Genehmigung und alles war beim Amt angemeldet. Mir war das aber alles egal. Ich ließ mich nicht beruhigen und so zog meine Mutter mit meiner Schwester und Großmutter ab und fuhren in den Zoo. Mein Vater, der in der Zwischenzeit verständigt wurde, kam umgehend und nahm mich mit. Er sagte mir, dass ich richtig gehandelt hatte und ab da traf ich mich nur noch mit meiner Mutter, wenn es mein Vater sagte oder ich mir sicher war, dass man mich nirgendwo mit hinnehmen wollte.

Die Zeit verging recht schnell und nach etwas mehr als einem Jahr beschloss das Jugendamt, dass nun alles in Ordnung sei.

Meine Mutter und mein Vater mussten sich nicht mehr melden. Es kam niemand mehr und ich hatte offensichtlich keine Probleme mehr. Das war scheinbar der Startschuss für meinen Vater. Er begann wieder mehr zu trinken und auch sein Freundeskreis war auf einmal wieder sehr viel präsenter in unserem Leben.

Zunehmend wurde auch unser Verhältnis schlechter und die Streitigkeiten endeten öfter in Drohungen und Beleidigungen. Im selben Atemzug nahm meine Mutter wieder eine größere Rolle in meinem Leben ein. Sie bot mir an, dass ich bei ihr leben könne, wenn ich das wollen würde. Da sie mittlerweile arbeitete und weniger trank willigte ich, nach einem heftigen Streit mit meinem Vater, ein und ging wieder zu ihr zurück.

Dieses Spiel passierte noch mehrere Male und es war schier unmöglich für mich, Wurzeln zu schlagen. War der eine am Alkohol, brutal und gewalttätig, war der andere liebevoll. Jede kleine äußere Änderung führte zu dramatischen Veränderungen und ich wechselte Wohnung und Leben. Jetzt war es aber erst mal so, dass ich, wann immer es mir mit einem zu viel wurde, meine Sachen packte und zum Anderen floh. Manchmal für Tage, manchmal für Wochen.

In der Schule war ich weiterhin guter Durchschnitt. Die Weiche zur Realschule hatte ich verpasst. Es war klar, dass ich bald in eine neue Schule musste, die die Klassen 7, 8 und 9 hatte.

14. Rauchen mit 11

Mein Vater ging häufig mit mir zu Dietmar, einem Kunsthandwerker der nur wenige Straßen von uns entfernt seinen Laden hatte. Dort saßen wir dann in seiner Werkstatt. Er diskutierte mit ihm und ein paar „Kollegen und Freunden" des Handwerkers. Beliebte Themen waren Politik, Fußball und natürlich der Alkohol.

Dietmar war Schlesier, wie er immer betonte. Er kannte meinen Vater vom Stammtisch in seiner Stammkneipe, in der er auch früher Fußball gespielt hatte. Als meine Mutter, deren Wurzeln auch im damaligen Schlesien lagen, anbot Schlesische Spezialitäten zu kochen, war er ab da fester Bestandteil unseres Bekanntenkreises.

Ich mochte Dietmar, er war riesig, 2 Meter groß und hatte Haare wie Wagner. Er mochte klassische Musik und konnte unglaublich gut zeichnen und war auch sehr talentiert im Kunsthandwerk. Er spielte professionell Blitzschach und war dazu noch in einem Schützenverein Schützenkönig. Ich konnte mich mit ihm über Dinge unterhalten, die ich mit meinen Eltern nicht besprechen konnte. Er brachte mir das Schachspielen bei und war auch sonst mir gegenüber sehr großzügig.

Ich war 11 Jahre alt und wenn ich Ferien hatte, konnte ich mir bei ihm immer ein kleines Geld verdienen. Oft schickte er mich mit seinen Arbeiten los zu Schmuckhändlern. Ich gab sie dort gegen eine Quittung ab. Das war auch besser als die Jobs bei meinem Vater auf dem Bau. Dort war ich seit ich 9 Jahre alt war und ich mochte es nicht Botengänge zu erledigen, Bier zu holen oder Eimer mit Müll und Schutt in die Tonnen zu tragen. Bei Dietmar war es kultiviert. Ein besonderes Highlight war es, wenn ich im Sommer für ihn Eis holen sollte. Er nahm stets sieben bis zehn Kugeln und ich durfte dann auch immer drei haben. Zusätzlich gab es am Ende des Tages für jede Stunde, die ich geholfen hatte, eine Mark. Bei meinem Vater gab es drei Mark, aber die Arbeit gefiel mir nicht.

Im Laufe der Zeit schlug Dietmar meinen Eltern vor, dass ich doch einmal mit ihm in den Schützenverein gehen könne. Er würde die Gebühren übernehmen und ich muss nur die Munition bezahlen. Meine Eltern willigten ein, denn das Schützenhaus lag neben einer Kneipe. Dort warteten sie entweder gemeinsam bei einem Bier oder meine Mutter wartete dort allein und vertrieb sich die Zeit mit den Spielautomaten und einer Wein-

1978, Fotoshooting zum 1. Geburtstag

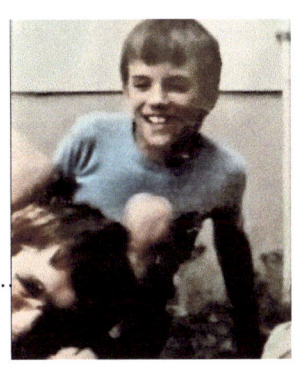

1985, Besuch bei der Lieblingsoma

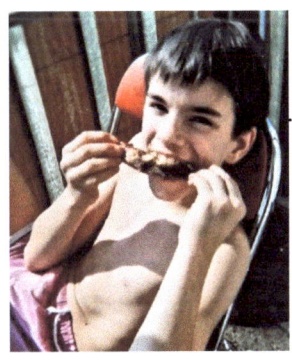

1987, Spareribs-grillen auf dem Balkon

1991, Geburtstag-party bei der besten Freundin

1993, Geburtstags-party bei der besten Freundin

1.7.1996, erster Tag Bundeswehr

schorle. Das war ihr Lieblingsgetränk, wenn sie allein war. Ich wurde dort nach kurzer Zeit Mitglied und auch ein recht guter Schütze. Nur anfreunden konnte ich mich dort mit niemanden. Ich sollte merkwürdige Rituale und Schwüre mitmachen und viele der Diskussionen sagten mir nicht zu.

An einem der Tage wartete meine Mutter wieder im Lokal. Als ich fertig war mit meinen Schüssen, empfing sie mich in der Kneipe. Sie wirkte sehr angespannt. Ich bekam ein Spezi und sie begann sehr ernst: „Was hast du mir zu beichten?" Ich wusste nicht, was sie meinte und nach einiger Zeit kamen wir zum Kern des Pudels. Sie vermisste einige ihrer Zigaretten und war der festen Überzeugung, ich hätte sie genommen. Um das ganze zu verstärken, behauptete sie, die Nachbarn hätten mich gesehen und sie wüsste Bescheid.

Ich rauchte jedoch wirklich nicht und hatte auch viel zu viel Angst etwas von meinen Eltern zu stehlen, weil sie mich bestimmt hart bestraft hätten. Das war es mir nicht wert. Meine Mutter versicherte mir, dass sie mir nicht böse wäre, schließlich rauchten alle in der Familie, auch meine Großeltern und alle Freunde. Sie wollte mich aber abschrecken und so ging sie nach draußen, kaufte eine Schachtel R1 Light und sagte: „Die wirst du rauchen und wenn dir dann schlecht ist, wirst du schon sehen was du davon hast." Meine Schwester schlummerte brav im Kinderwagen und so saß ich in der Kneipe und rauchte meine erste Zigarette mit einem Spezi in der Hand. Die Zigarette war so leicht, dass ich sie gut rauchen konnte, mir wurde nicht schlecht und bei meinen Eltern hatte ich gesehen, wie man das mit dem Rauchen macht. Da mir nicht übel wurde, fand meine Mutter sich in der Annahme bestätigt, dass ich rauchte. Sie erlaubte mir, die Zigaretten zu behalten und sagte mir, dass, wenn ich neue brauchen sollte, ich mich an sie wenden sollte. Das war ihr lieber, als das ich stehlen würde.

In meiner neuen Schule, in die ich seit einigen Monaten ging, kam das gut an. Ich durfte Rauchen und ich konnte Schülern in meiner Klasse und den älteren Schülern Zigaretten besorgen.

Nach einiger Zeit wurde meine Vater darauf aufmerksam, dass ich nach Rauch roch. Ich hatte bei ihm noch ein Zimmer und war gelegentlich bei ihm, um ihn zu besuchen. Besonders am Wochenende. Er fragte mich, ob ich rauche. Als ich das bejahte, gab er mir seine Marlboro und auch er versuchte mich dazu zu bringen, mich zu übergeben. Die

Zigaretten waren deutlich stärker, aber durch meine bereits vorhandene Übung hatte ich kaum Probleme und so kam es, dass mein Vater mir eine Schachtel gab. Das war ihm lieber, als das ich von ihm oder irgendwo anders irgendwelche stahl.

Er hatte nämlich genau das gemacht, als meine Urgroßmutter noch ihren Tante Emma Laden im Haus hatte. Er schlich sich in den Laden und stahl Zigaretten und Schnaps. Er schärfte mir allerdings ein, dass ich meiner Mutter nichts sagen solle. Die hätte nämlich bestimmt kein Verständnis dafür. In dieser Zeit versuchten sich beide mit Verständnis und Geschenken zu übertreffen und so kam es, dass ich zwei Quellen für meine Zigarettenlieferung hatte.

Ich selbst rauchte nun auch deutlich mehr und wurde bald süchtig. Ich rauchte bis zum zweiten Lehrjahr. Ab da musste ich, wenn ich rauchen wollte, die Zeit von meiner Pause abziehen. Meine Gesellen waren sehr streng und so endete meine Raucherkarriere mit 17 wieder.

Leider machte ich mit 19 den nächsten großen Fehler: In der Grundausbildung der Bundeswehr wurde ich gefragt, ob ich als Nichtraucher auch auf eine Raucher Stube gehen würde. Ich hielt mich für willensstark und sagte zu. Zwei Wochen nach Einzug rauchte ich schlimmer als je zuvor und mit 24 war ich Kettenraucher. Zwei Schachteln täglich waren kein Problem. Mit 24 saß ich also eines Abends zur Nachtwache in meinem Büro. Ich wollte mir mit der alten Zigarette eine Neue anstecken. Dabei fiel mir auf, dass ich eine Anzündete, eine aber noch in der Hand hielt, eine im Aschenbecher und noch halb gut war. Ich war schockiert. Auch die Tatsache, dass ich nachts wach wurde und nach Zigaretten schmachtete, machte mir zu schaffen.

Ich hatte seit einigen Tagen auch das Buch „Endlich Nichtraucher" im Rucksack. Ich begann es zu lesen, legte die letzte Zigarette weg, verschenkte den Rest meiner Kippen und habe seither auch nie wieder mit dem Rauchen begonnen.

Meine Eltern haben erst Jahre später herausgefunden, dass sie mich beide mit Zigaretten versorgten und mir dann auch endlich geglaubt, dass ich vorher nie geraucht hatte. Tja, ich würde sagen, da haben die Erziehungsmethoden der Achziger glatt versagt. Lustigerweise hat meine Mutter Jahre später mit meiner Schwester dieselbe Methode versucht. Leider ist meine Schwester sehr viel länger als ich an den Glimmstängeln hängengeblieben und fängt immer wieder an, wenn sie in ihrem Leben in stressige Momente gerät.

15. Nicht mit meiner Tochter

Als meine Schwester geboren wurde, war für meine Mutter sofort klar: „Nicht mit meiner Tochter". Meine Mutter verteidigte meine Schwester ab der ersten Sekunde. Meine Schwester konnte in ihren Augen nichts falsch machen und sie weigerte sich, ihr Grenzen aufzuzeigen. Zu Beginn waren meine Schwester und ich ein Herz und eine Seele. Ich liebte es, für sie da zu sein und brachte ihr Dinge bei, wie Lesen und Radfahren. Sie folgte mir überall hin und sowohl mein Vater als auch meine Mutter liebten sie und schlugen sie „nie".

„Nie" kann ich nicht direkt sagen, weil ich, falls es passiert ist, nichts davon wusste und es auch bis zum heutigen Tag nicht weiß. Je älter wir wurden, umso größer wurde meine Eifersucht. Meine Schwester und ich lebten uns auseinander. Meine Schwester war beliebt in ihrer Klasse und hatte Freunde. Zwar waren es hauptsächlich Freunde, die ich als asozial empfand, was hauptsächlich an unserer neuen Wohngegend und dem Umfeld lag, aber sie hatte Freunde. Meine Schwester durfte auch alles und es gab weder Regeln noch Strafe für Verfehlungen. Es war egal, ob sie gut in der Schule war. Es war egal, wenn sie später nach Hause kam. Dafür bekam sie Liebe und Zuneigung in einem Maß, das ich nie erfahren hatte. Meine Mutter und meine Schwester hatten eine besondere, wenn auch aus meiner Sicht, ungesunde Beziehung.

Meine Mutter brauchte meine Schwester als Wiedergutmachung für alle Fehler, die sie bei mir begangen hatte. Im gleichen Atemzug vermittelte sie meiner Schwester eine komplett falsche Vorstellung von Liebe, Verlässlichkeit und Selbstreflexion. Dadurch, dass sie meine Schwester in allem bestätigte, wuchs bei meiner kleinen Schwester der Glaube, dass alle an allem Schuld wären. Sie jedoch grundsätzlich alles gemacht hatte, was in ihrer Macht stand. Schlechte Noten gab es, weil sie die Lehrer nicht mochten. Freunde waren mal gut und mal schlecht. Gut, wenn sie gaben und sie lobten. Schlecht, wenn sie es wagten zu fordern oder zu kritisieren.

Meine Mutter war durch den jahrelangen Alkoholkonsum ein schlechtes Beispiel für meine Schwester und zwar so schlecht, dass sie bis heute eigentlich nichts trinkt. Das schlechteste Beispiel gab aber meine Mutter bei Ihrem Verhalten zu Männern ab. Sie brauchte die Abhängigkeit zu einem dominanten Partner und auch das Gefühl, dass er Schuld war an ihrem Unglück. Das gleiche Schema übertrug sich auf meine Schwester. Das gepaart in einem unglaublich verantwortungslosem Verhalten in Sachen Verhütung. Meine Schwester kam ab dem 14. Lebensjahr praktisch monatlich an und teilte mit, dass sie eventuell schwanger sei, aber eigentlich nichts dafür könne. Meine Mutter kommentierte das lediglich mit den Worten, dass sie das schon alles schaffen werde und sie auf jeden Fall zu ihr hält.

Das Leben meiner Schwester wäre ein ganz eigenes Buch, gefüllt mit einigen Höhen und noch viel mehr Tiefen. Nur eine Episode möchte ich hier teilen: Meine Schwester muss ungefähr fünf Jahre alt gewesen sein. Meine Mutter rief panisch bei meinem Vater an und sagte, dass ihr neuer Freund mit meiner Schwester in der Wohnung wäre und sie nicht mehr hereinlässt. Ich lebte zu dieser Zeit bei meinem Vater und sollte mich umgehend anziehen und mit ihm zu meiner Mutter kommen. Als wir dort eintrafen, war der Rahmen der Tür so stark beschädigt, dass wir die Tür nicht öffnen konnten. Scheinbar war der Freund meiner Mutter mit Gewalt in die Wohnung eingedrungen und hatte sie aus der Wohnung geworfen. Meine Mutter war nicht auffindbar und nach kurzem Ratschlag, Schlüsseldienst oder Polizei, verlor ich die Geduld. Ich trat mit aller Kraft gegen die Tür, sie sprang auf und im Inneren der Wohnung war meine Schwester allein und spielte. Wir nahmen meine Schwester und gingen zum Kiosk am Ufer des Flusses, an dem meine Mutter eigentlich immer war, wenn sie nicht arbeitete. Tatsächlich saß sie dort, angetrunken.

Man hatte ihr ein paar Bier und Kurze zum Beruhigen ausgegeben. Meine Mutter sprang sofort auf, lief zu meiner Schwester und zu mir und drückte sie innig. Ich wurde überschwänglich von allen gelobt und bekam die Bestätigung, was für ein echter Mann ich sei. Mein Vater erkundigte sich nach dem Freund meiner Mutter, nahm mich bei Seite und sagte, dass man sich da kümmern müsste, damit so etwas nicht wieder passiert.

Wir gingen zusammen in die Innenstadt. Dort gab es eine einschlägige Kneipe, in der sich die ganzen zwielichtigen Typen der Stadt herumtrieben. Mein Vater trug mir auf, in der Tür stehen zu bleiben und wenn ich sehen sollte, dass er zu Boden gehen würde, sofort die Polizei zu holen. Ich wusste nicht, was los war, aber hatte auch keine Angst. Mein Vater strahlte so viel Stärke und Härte aus, dass ich zu tiefst beeindruckt war. Er ging zu einem Ecktisch, nachdem ich auf den Freund meiner Mutter gezeigt hatte, der dort im Kreis seiner „Freunde" saß. Er ging direkt auf ihn zu. Ohne Vorwarnung holte er aus seiner Jacke eine Pistole und schlug sie dem Typen ins Gesicht. Er herrschte alle an, bloß sitzen zu bleiben, und zielte dann direkt mit der Pistole auf den blutenden Mann. „Kommst du meiner Frau, meiner Tochter oder meinem Sohn jemals wieder zu nahe, dann bring ich dich um." Dann drehte er sich um und wir gingen.

Wir haben nie wieder von ihm gehört. Selbst als meine Mutter noch einmal Kontakt zu ihm suchte, aus Einsamkeit, lehnte er ab und ward nicht mehr gesehen. Durch solche und auch andere schlimme emotionale Situationen musste auch meine Schwester gehen. Ihr Wesen ist komplett anders als meines und wir haben uns eigentlich nicht mehr viel zu sagen. Wir lieben uns, aber eigentlich verabscheuen wir uns aus den unterschiedlichsten und teils auch sehr unwirklichen Gründen.

Wann immer ich ihre Kinderbilder sehe oder Bilder von uns beiden, kommen mir die Tränen. Sie wanderte nach Amerika aus und in diesem Zug entsorgte sie alle Fotoalben unserer Kindheit und jegliche Fotos und Erinnerungen. Sie sagte, das wäre alles zu schlimm gewesen und ich könnte das nicht verstehen. Leider weiß ich nicht, was sie alles durchlebte und werde es auch nie erfahren. Wir sind nicht nur durch einen Ozean getrennt, sondern auch durch Enttäuschung, Neid und Eifersucht. Sie ist eine gute aber auch sehr strenge Mutter geworden. Sie liebt ihre Kinder, benutzt sie aber auch wie meine Mutter als Ausrede und Vorwand. Ihre Kinder sind Entschuldigung und Begründung zugleich und es wird mit aller Kraft verhindert, dass sich die Kinder selbstständig und frei entwickeln. Eine Abhängigkeit ist entstanden und ich fürchte, wenn sich die Kinder doch einmal lösen könnten, wird es erst zum Ende des Lebens meiner Schwester geschehen. Sie lebt durch ihre Tochter ihre Träume. Meine Nichten und Neffen sind großartig, klug und wunderschön. Sie wachsen unter sehr schwierigen Umständen auf und je mehr Zeit vergeht, desto größer wird unsere emotionale Trennung.

Vor wenigen Monaten teilte mir meine Schwester mit, dass eine ihrer Nieren versagt und sie auch einen Herzinfarkt gehabt hatte, ich dachte nur: „Aha." Ich war mir sicher, sie übertreibt wieder und versuchte andere, in diesem Fall mich, in eine Abhängigkeit bestehend aus Mitleid und Fürsorge zu bringen. Erst mit dem Erhalten der ärztlichen Atteste, glaubte ich ihr. Selbst da, nur ein „Aha."

Zum 18. Geburtstag meiner Nichte reiste ich in die USA. Bis dahin hoffte ich, dass es noch ein Band gibt, was meine Schwester und mich verbindet und sie nicht aus meinem Leben verschwindet, bevor ich sie noch einmal im Arm halten konnte.

Mit dem Besuch in Amerika musste ich viele meiner Vorurteile revidieren. Sie, ihr Mann und die Kinder haben mich herzlich und liebevoll empfangen. Es war ein sehr schöner Aufenthalt und ich freue mich, dass sie alle eine glückliche Familie sind, die gut aufeinander achten.

Unser Kontakt ist intensiver geworden und wir tauschen uns regelmäßig aus.

16. Die fleißige Hure

Das Leben in meiner neuen Schule startete nicht schlecht. Ich musste nur wenige Minuten zu Fuß gehen und ich fand auch sofort zwei neue Freunde in der Klasse. Ich versuchte mich anzupassen und merkte schnell, dass es einige in der Klasse gab, die das Leben ähnlich hart bestraft hatte. Viele waren Scheidungskinder und einige wurden von Ihren Eltern geschlagen.

Wie schon erwähnt, verpasste ich durch mein Schwänzen den Sprung auf Realschule oder Gymnasium. Auf der Hauptschule, gerade auch in der Gegend in der wir jetzt wohnten, lebten leider nicht die oberen zehn Prozent der Gesellschaft. Schlägereien, Diebstahl und auch das ein oder andere schwerere Verbrechen konnte hier im Klassenzimmer genannt werden. Trotzdem gefiel es mir gut.

Meine Mutter hatte mittlerweile einen Job als Putzfrau bei der Stadtverwaltung angenommen und putzte die öffentlichen Toiletten und Schulen. Das kam ihr sehr gelegen, denn die beiden Toiletten, um die sie sich kümmerte lagen an ihrem Kiosk am Wasser und die andere nur wenige 100 Meter entfernt. Erstaunlich viele der Mütter in meiner Klasse arbeiteten entweder am Fließband oder als Putzfrau. Leider war die Nähe zum Kiosk auch einer der Gründe, warum das Geld trotz Unterhalt, Sozialhilfe und Job nicht reichte. Vieles vom schwer verdienten Geld floss sofort in Alkohol und Zigaretten. Meine Mutter genoss die Zeit mit ihren Freunden und Zuhause ging es auch irgendwie geordnet zu.

Irgendwann war das schöne Leben aber vorbei. Mein Vater, der in der Zwischenzeit seinen zweiten Herzinfarkt überlebt hatte, verlor seinen Job. Dazu kam noch, dass mein Großvater das Haus der Familie verkauft hatte. Das nicht ohne Grund: Er wollte nicht, dass mein Vater das Haus erben konnte. Das bedeutete aber auch, dass nicht nur das Erbe weg war. Nein, der neue Vermieter verlangte nun auch die reguläre Miete und mein Vater war nicht mehr der Hausmeister. Für meine Mutter bedeutete das nun, dass ein großer Teil ihrer Einnahmen weg war. Der Unterhalt fehlte ihr sehr und so machte sie sich auf die Suche nach einem weiteren Job.

Für uns Kinder war es auch nicht mehr so einfach, wie die Zeit zeigte. Das Essen wurde knapp und meine Mutter schnitt nicht nur einmal den Schimmel vom Brot. Häufig gab es Zuckerbrot und Milchnudeln. Meine

Mutter aß oft gar nichts und erzählte uns, dass sie für uns auf das Essen verzichtet hatte. Leider war die Wahrheit eine andere.

Heute weiß ich, dass Zigaretten und der Alkoholkonsum einen riesigen Teil unseres Geldes aufbrauchten und sie nicht für uns, sondern für den Alkohol und die Sucht auf das Essen, verzichtet hatte. Natürlich kochte sie für uns und wir verhungerten nicht. Aber oft genug lag sie betrunken auf der Couch und ich schmierte für mich und meine Schwester das Brot selbst.

Irgendwann kam meine Mutter mit einem vollen Einkaufskorb nach Hause, auch mit neuer Kleidung und Geschenken. Sie hatte einen neuen Job und der war dazu noch gut bezahlt. Leider musste sie dazu am Abend arbeiten und kam erst am Morgen nach Hause. Sie machte dann meine Schwester fertig und brachte sie in den Kindergarten. Danach legte sie sich hin und schlief, bis sie sich zum Kiosk auf den Weg machte. Die Besuche am Kiosk wurden weniger und so blieb immer mehr Geld übrig. Die Spätschicht schien meiner Mutter zu gefallen und scheinbar hatte sie dort auch einen Freund. Leider kam sie immer öfter betrunken nach Hause und meine Schwester blieb immer wieder Zuhause und ging nicht in den Kindergarten, weil meine Mutter sie einfach nicht brachte oder bringen konnte.

Eines Morgens kam meine Mutter nicht nach Hause. Sie war zu spät und ich war in Panik. Ich rief meinen Vater an. Als er kam, ging ich in die Schule. Ich traf unterwegs zwei Klassenkameraden, die öfter zu spät kamen und die auch sonst sehr ungezogen, frech und echte Mobber waren.

Meine Schule, die wie bereits erwähnt, in keiner so guten Gegend lag, hatte das Pech neben einem Bordell zu liegen, welches nur zwei Hauseingänge entfernt lag. Als ich da nun mit meinen Kollegen zur Schule ging, viel zu spät und in Sorge um meine Mutter, ging die Türe des Bordells auf. Zwei Damen im Minirock kamen heraus. Wir wollten natürlich sehen, wie solche Frauen aussehen. Wir wussten ja, dass es dort Sex gab, auch wenn wir nicht genau wussten, was Sex überhaupt ist. Als sich die Damen verabschiedeten, konnten wir sehen, dass beide recht wackelig waren. Offensichtlich waren sie betrunken.

Die Eine ging von uns weg und die Andere kam auf uns zu. Als sie uns sah, sagte sie auf einmal: „Warum bist du noch nicht in der Schule!?" Es war meine Mutter. Die beiden Jungen starrten sie und mich an und verschwanden sofort in der Schule. Ich rannte davon und meine Mutter schrie betrunken hinter mir her.

Als ich am Abend nach Hause kam, saß sie auf der Couch. Offensichtlich hatte sie sich mit meinem Vater gestritten, das konnte man an den blauen Flecken an ihren Handgelenken wie immer gut erkennen. Sie wollte mit mir reden, aber ich schrie sie nur an:

„DU HURE!" Immer und immer wieder sagte ich das. Meine Mutter versprach sofort, dass sie nie wieder dort arbeiten würde. Sie versicherte, dass sie dort nur an der Bar gearbeitet hätte und nie etwas Schlimmes getan hatte. Für mich aber war das egal.

Wenn wir uns später stritten, holte ich die Geschichte immer wieder hervor und verletzte sie damit schwer. Das trug auch dazu bei, dass wir uns entfremdeten und letzten Endes das Verhältnis Mutter und Sohn verloren.

Für mich begann mit dieser Begegnung allerdings ein neuer Schrecken. Meine Mitschüler hatten die Zeit gut genutzt. Jeder, wirklich jeder in der Schule, wusste, dass meine Mutter eine Hure war und sie sagten mir das auch. Beschimpfungen wie „Hurensohn" und „Deine Mutter fickt für Geld" waren nur der Anfang. Es kursierten nach kurzer Zeit Geschichten in der Schule, was meine Mutter alles für Geld mit jedem machen würde. Ich war am Ende und wollte nicht mehr in die Schule. Meine Mutter erlaubte mir ein paar Tage Daheim zu bleiben und dann ging ich erneut in die Schule. Es war noch viel schlimmer. Meine Reifen am Rad wurden zerstochen, meine Schultasche vom Rücken gerissen und ich wurde verprügelt. Also beschloss ich, gar nicht mehr in die Schule zu gehen und sagte das auch meiner Mutter. Die entgegnete mir, dass ich gehen müsste und ich sollte doch einfach allen sagen, dass sie dort eben nur geputzt hätte. Ich wollte nicht und so zog sie mich, kreischend, brüllend und ich sie schlagend durchs Haus hinter sich her. Ich brüllte aus ganzer Kehle, „Hure", „Fotze" und Schlimmeres.

Aber es half nichts. Sie zog mich bis zum Direktor. Dort wartete ich und meine Mutter erklärte ihm die Situation. Die Lehrer der Klassen wurden verständigt und hatten fortan ein Auge auf mich und jeden, der mir zu nahe kam. Das Mobbing nahm ein Ende, was wohl auch einer Mitschülerin geschuldet war, die neu in die Klasse kam und sich einen Namen durch ihre riesigen Brüste machte und das Gerücht, dass sie leicht zu haben wäre. Ein neues Opfer war gefunden und bei mir kehrte wieder das „normale" Leben ein.

17. Mit dem kannst du mit, der mag Kinder so gern

Währen ihrer Zeit im Bordell hatte meine Mutter auch Männer kennengelernt, die sie immer wieder durch Zufall traf. Manche davon waren plötzlich öfter in ihrer Nähe und alle bestätigten, dass meine Mutter nur hinter der Bar gearbeitet hatte und dort nichts mit den Männern hatte. Einer dieser Typen hatte ein cooles Motorrad und war Künstler, wie er sagte. Eigentlich war er nur Steinmetz bei einem Friedhofssteinmetz, aber das wusste keiner. Der Typ war unglaublich nett. Er kaufte allen Kindern Eis und Limo. Er hörte zu und man durfte sich auf sein Motorrad setzen.

Irgendwann brachte er auch einen zweiten Helm mit und er fuhr mit uns Kindern die Straße auf und ab. Man sollte sich ganz fest um ihn schlingen damit man nicht fiel und je fester man sich an ihm festhielt, umso schneller fuhr er.

Meine Mutter war zu dieser Zeit immer recht froh, wenn wir Kinder „betreut" waren. Betreut heißt wohl in diesem Fall: Aus den Augen und aus dem Sinn. Entweder waren wir in der Schule, bei Freunden oder wir waren eben einfach außer Sicht. Die Erwachsenen, die sich mit uns abgaben, waren alle vom gleichen Schlag: zerrüttete Gestalten, oft mit Alkoholproblemen oder der Meinung, dass ihnen die Gesellschaft etwas schuldete und alle anderen an diesem Los schuld wären, nur eben nicht sie selbst.

Der Mann war anders und das merkte meine Mutter. Er gab zwar immer wieder Bier aus, trank aber selbst nicht. Er fuhr ein Motorrad und hatte einen Job. Er war nett zu den Kindern und spendierte oft Eis und Süßigkeiten. Oft nahm er die anderen Kinder mit und verbrachte mit ihnen den Nachmittag. Die Eltern erlaubten es. Er brachte sie auch immer sicher zurück und die Kinder erzählten von der tollen Fahrt und dass es Eis und Süßes gegeben hatte. Ich fragte oft, ob ich auch mit könnte, aber meine Mutter erlaubte es lange nicht. Ich war neidisch und alle anderen Kinder kamen immer mit vielen Süßigkeiten und wenn sie öfter mit unterwegs waren auch mal mit Spielzeug zurück. Eines Nachmittags, es war Sommer und sehr warm, nervte ich meine Mutter so lange, bis sie es erlaubte.

Der Mann freute sich sehr. Er hatte auch schon des Öfteren gefragt und als meine Mutter „Ja" sagte, warf er sofort sein Motorrad an. Er zahlte noch ein paar Runden im Voraus und dann fuhren wir auch schon los.

Wir fuhren quer durch die Stadt und auf den Geraden gab er richtig Gas. Ich hielt mich fest und nach ein oder zwei Stunden hielten wir am Friedhof an. Er sagte, dass er hier wohnte und er oben in seiner Bude Limo und Eis hätte. Ich war von oben bis unten nassgeschwitzt und die Aussicht auf ein Eis war sehr verlockend. Natürlich sagte ich ja und wir gingen in seine Wohnung.

Als ich eintrat, sagte er mir, ich könnte mein T-Shirt ausziehen, schließlich soll ich ja nicht krank werden und dann bekämen wir beide Ärger mit meiner Mutter. Ich zog mein Shirt aus und ging ins Wohnzimmer, auf das er zeigte. Als ich eintrat sah ich sofort, dass an allen Wänden große Bilder von nackten Frauen waren und das auch in sehr freizügiger Pose. Ich setzte mich und als er dazu kam fiel ihm sofort auf, dass ich neugierig aber eben auch peinlich berührt war.

Er setzte sich zu mir und legte die Hand auf mein Bein. „Das ist doch alles nicht schlimm", sagte er, „alles ganz natürlich". Er fragte, ob ich so etwas schon mal gesehen hatte. Ich sagte ja, aber eben noch nicht so. Brüste hatte ich schon gesehen. Unsere Nachbarin sonnte sich immer oben ohne. Eine Vagina hatte ich so noch nicht gesehen. Dass ich neugierig war, merkte er und so ging er kurz raus und kam mit einem Stapel Zeitungen wieder. In diesen Heften, die er mir gab, waren die Frauen beim Sex zu sehen und auch beim Blasen und mit Sperma auf ihnen. Ich hatte noch nie einen Orgasmus und wusste mit dem Sperma nichts anzufangen. Allerdings merkte ich, dass die Bilder etwas in mir auslösten und ich wurde erregt. Ich spürte, wie mein Penis hart wurde. Auch der Mann sah das, er fragte mich, ob mir die Bilder gefallen würden. Als ich ja sagte legte er seine Hand wieder auf mein Bein und fragte ob ich wissen wolle wie man seinen Penis dazu bringt, dass er einem ein schönes Gefühl machte. Er könnte es mir an seinem oder an meinem zeigen. Ich hatte sofort ein Gefühl von Angst. Ich sprang auf und begann zu weinen. Er sagte, dass es nicht schlimm ist, wenn ich Angst hätte. Wenn ich jetzt aufhören würde zu weinen, bekäme ich Süßigkeiten. Das wollte ich aber nicht. Ich wollte nur zurück zu meiner Mutter. Er stimmte sofort zu, sagte aber, dass ich meiner Mutter nichts sagen dürfe, denn das wäre bestimmt schlimm für sie, dass ihr Sohn an solchen Bildern und Heften gefallen hätte. Ich verstand das und sagte, dass ich niemanden etwas erzählen würde.

So fuhren wir also zurück zu meiner Mutter und als wir dort ankamen war sie sichtlich betrunken. Der Mann setzte sich zu ihr, sagte ihr das ich ein toller junger Mann bin und dann ging er. Meine Mutter fragte wie es war und ich erzählte vom Eis und der Fahrt mit dem Motorrad. Den Rest verschwieg ich. Meine Mutter fragte ab da täglich, ob ich nicht mit ihm mitwollte. Schließlich kamen alle anderen Kinder immer glücklich zurück und die Eltern der Kinder bekamen immer ein paar Runden Bier.

Sie fragte bis zu dem Tag, an dem es an unserer Wohnung klingelte. Sie öffnete und zwei Beamte der Kriminalpolizei standen in der Tür. Nach einem kurzen Gespräch kam meine Mutter weinend und kreidebleich ins Wohnzimmer. Sie ging zu mir, nahm mich in den Arm und sagte mir, dass ich nichts angestellt hätte, aber dass ich der Polizei alles erzählen musste, und ich auf jeden Fall ehrlich sein musste.

Schnell war klar, das unser Bekannter ein Kinderschänder war, auch wenn mir dieser Begriff zu der Zeit nichts sagte. Dutzende Kinder fielen ihm zum Opfer. Meist beim zweiten oder dritten Besuch, den ich zum Glück nie hatte.. Meine Aussage wurde bei der Polizei schriftlich aufgenommen und weil ich nicht vergewaltigt wurde, wurde ich auch nicht zum Gerichtstermin eingeladen. Er wurde schuldig gesprochen und ging für sechs Jahre ins Gefängnis. Ich habe ihn nie wieder gesehen. Meine Mutter hingegen traf ihn noch ein paar Mal, bis er dann letzten Endes aus meiner Heimatstadt verschwand.

Dieses Erlebnis hat die Beziehung weiter nachhaltig zu meiner Mutter geprägt. Sie war einfach nicht in der Lage, mich zu beschützen. Erst all die Erlebnisse mit meinem Vater, dann die Flucht für meine Schwester, nun das. Ab diesem Zeitpunkt war unser Verhältnis nie wieder von Liebe oder Nähe geprägt. Es brauchte Jahrzehnte und zwei Enkelkinder. Erst auf ihrem Totenbett hielt ich ihre Hand, mit dem tiefen Gefühl von Liebe von Sohn zu Mutter.

18. Klau, wenn du mitmachen willst

Meine Mutter sagte oft zu mir: „Wer lügt, stiehlt auch" und so wurde ich oft nicht gut von ihr behandelt. Sie sagte mir irgendwann einmal, dass ich sie einfach zu sehr an meinen Vater erinnern würde und sie immer Angst hatte, dass ich mich einmal genauso entwickeln würde, wie er.

Ich hatte mich zurückgezogen und wollte unbedingt dazugehören. In der Gegend in der wir lebten, hatte jeder etwas auf dem Kerbholz und ich selbst war dazu einfach nicht geeignet. Zwar prügelte ich mich oft, aber das rein zur Verteidigung. Ich hatte keinerlei kriminelle Energie und war im Grunde eigentlich ein ehrlicher Junge. Ich übertrieb oft, damit andere nicht merkten, wie schlecht es mir ging und wollte sie beeindrucken. Leider eine Eigenschaft, die mir bis heute geblieben ist. Um dazu zu gehören, tat ich alles.

Irgendwann tauchte eine Gruppe von Gereutlern an unserem Haus und meinem Hinterhof auf. Die Gereut war eine Gegend, die noch schlimmer war, als die unsere: Drogen und Massenschlägereien gehörten dort zum Alltag und keiner wollte sich mit Gereutlern anlegen. Das endete meist im Krankenhaus.

Die Jungs und ich unterhielten uns und man könnte sagen, wir verstanden uns. Ich war ziemlich beeindruckt von ihren Geschichten und wie der Eine für den Anderen einstand und auch mal Schläge kassierte. Schließlich war man in der gleichen Gang. Da wollte ich dazugehören. Die Aufnahmeprüfungen waren recht einfach. Erst sollte man etwas stehlen, dann musste man sich betrinken bis man kotzt und dann gemeinsam eine Schlägerei bestreiten. Die zwei letzten Aufgaben erschienen mir einfach. Ich hatte zwar bisher nur mal vom Radler meines Vaters getrunken aber geschlagen hatte ich mich schon öfter. Nur das mit dem Stehlen, dazu fiel mir nichts ein und ich wusste auch nicht, wie und wo. Die Jungs schlugen mir vor, im Supermarkt um die Ecke, an dem ich sonst auch für meine Mutter einkaufte, stehlen zu gehen. Dort war nichts gesichert und die Regale boten gute Deckung.

Wir machten uns auf den Weg und einer der Jungs ging mit mir in den Laden, um auch zu bestätigen, dass ich etwas stahl. In dieser Zeit wollte ich immer noch um die Liebe meiner Mutter kämpfen und da mir partout nicht einfiel, was ich stehlen konnte entschied ich mich für einen

Block Zeichenpapier. Ich zeichnete und malte gern. Meine Mutter freute sich früher immer sehr über meine Bilder. Also, warum nicht etwas stehlen, mit dem ich eine Freude machen konnte! Ich nahm einen riesigen und sehr dicken Block und versuchte ihn in meinem Rucksack zu verstauen. Es gelang mir mit einiger Mühe und als ich aufsah, war der Junge, der mich begleitete, weg. Ich ging zur Kasse und verließ den Laden. Als ich draußen stand, war keiner der Jungs mehr da. Bevor ich richtig realisierte, was geschah fasste mich eine große Hand an der Schulter. Einer der Verkäufer war mir gefolgt und nahm mich mit in den Laden zurück und ins Büro. Meine Kumpanen hatten offensichtlich bemerkt, dass ich erwischt werde und statt mich zu warnen sind sie einfach abgehauen.

Der Verkäufer rief die Polizei und nach kurzer Klärung entschied man, mich zu meiner Mutter zu bringen. Die Polizei übergab mich ihr, inklusive Hausverbot und einer Strafe von 100 Mark, was zu dieser Zeit extrem viel Geld für uns war.

Meine Mutter arbeitete am Vormittag in einem Gymnasium, dass nur einige Straßen entfernt war. Die Polizei brachte mich dorthin. Sie erlaubten mir, mich im Auto klein zu machen, und auch als wir ausstiegen, durfte ich ein paar Meter hinter ihnen gehen, sodass es auf den ersten Blick nicht auffiel, dass mich die Polizei brachte. Als wir meine Mutter erreichten, nahmen sie sie kurz zur Seite und redeten nett und sehr liebevoll mit ihr. Die beiden Beamten waren unglaublich verständnisvoll. Meine Mutter begann zu weinen. Nicht nur, dass ich stahl, die Strafe und das Hausverbot trafen sie noch härter.

In der Zwischenzeit hatte einer der Lehrer bemerkt, dass die Polizei im Haus war und hatte den Direktor verständigt. Nur wenige Tage später hat der Direktor bei der Stadtverwaltung, die für meine Mutter verantwortlich war, durchgesetzt, dass sie an der Schule nicht mehr putzen durfte. Sie bekam zwar eine andere Stelle in der Stadt, aber zu dieser musste sie sehr lange mit dem Bus fahren. Das machte es für mich, die Familie und unsere Beziehung nicht leichter. Meine Mutter hat mir das in vielen Streitigkeiten, die danach folgten, immer wieder vorgeworfen und mir zu verstehen gegeben, dass sie mich dadurch zwar nicht weniger lieb hatte, aber bestimmt auch nicht mehr.

Ich habe nach dieser Geschichte nie wieder etwas gestohlen und habe für mich beschlossen, dass Stehlen und Lügen mit die schlimmsten Dinge auf dieser Welt sind. Als mein Sohn das erste Mal etwas genommen hatte, was ihm nicht gehörte, habe ich ihn gezwungen, dass er es zurückbringt und sich entschuldigt. Als ich ihn ansah, merkte ich, wie sehr er darauf hoffte, von mir zu hören, dass ich ihn immer noch lieb habe. Ich ging in die Knie, sagte ihm, dass er bestraft werden würde und dann nahm ich ihn in den Arm und drückte ihn lange. Ich sagte ihm, dass ich ihn immer lieben würde und dass es nichts gibt, was das ändert und fügte hinzu: „Wer stiehlt, der lügt auch." Das Gleiche ist eben nie dasselbe.

19. Pizza statt Schwarzwälder Kirsch

Als ich die Schule wechselte, blieben mir noch ein paar meiner alten Freunde erhalten. Ich freute mich immer sehr, wenn ich noch Zeit nach der Schule oder dem Hort mit ihnen verbringen konnte. Durch die Entfernung zu meiner neuen Wohngegend war es nur selten möglich mit ihnen zu spielen. Zu meinem Vater konnte und wollte ich sie nicht mitnehmen. Die Gefahr, dass mein Vater vielleicht doch betrunken nach Hause kam, war mir einfach zu groß. Auch seine Laune konnte schnell umschlagen. Zwar hätte er nie gegenüber anderen Kindern die Hand erhoben, aber ich war nicht sicher vor seinem Jähzorn. Er nahm keinerlei Rücksicht darauf wo wir gerade waren oder wer mit uns zusammen war.

So blieben mir oft nur ein paar Minuten nach der Schule und die waren eigentlich immer zu kurz. Mit meiner Mutter war die Sache ähnlich geartet. Zwar war sie seit dem Auszug nicht mehr wirklich gewalttätig oder aggressiv, aber sie war sehr oft be- oder zumindest angetrunken. In diesem Zustand tat und sagte sie Sachen die mir peinlich waren und die auch immer dazu führten, dass ich Stück für Stück mein Vertrauen und meine Bindung zu ihr verlor.

Beispiele gäbe es hier unzählige. Einmal zum Beispiel sagte sie ohne jeglichen Grund, dass ich als Mann eh mal nichts werden würde und sie sehr froh wäre, noch ein Mädchen bekommen zu haben. Ein anderes Mal sagte sie mir, vor einem Mädchen, dass ich auf dem Spielplatz kennengelernt hatte, dass sie, wenn ich es wagen würde Sex zu haben bevor ich verheiratet bin, mir meinen Penis abschneiden würde. Das war, wen wundert es, auch das Ende der Freundschaft zu diesem Mädchen. Auch wenn ich zu dieser Zeit überhaupt noch nicht wusste, was das Wort Sex überhaupt bedeutet.

Trotz allem hat sie versucht, mich wieder in Kontakt mit meinen Freunden zu bringen. Die „neuen Freunde" aus der neuen Gegend waren ihr nicht geheuer und so kam es, dass ich von ihr die Erlaubnis bekam an meinem Geburtstag und zum Ende der Klasse in meiner alten Schule meine drei besten Freunde einzuladen. Ich war sofort Feuer und Flamme. Meine Mutter versprach eine Schwarzwälder Kirschtorte zu machen. Es sollte Cola, den Nudelsalat den ich so liebte, und Süßigkeiten geben. Sie versprach, dass es Geschenke geben würde und ich mit meinen Freunden und ihr dann am Nachmittag zum Wasser gehen konnte, um dort auf den Spielplatz zu gehen und auch noch zu einem Eis. All das erzählte ich natürlich auch meinen Freunden und lud sie zu mir nach Hause ein. Alle drei überzeugten ihre Eltern, dass sie kommen durften. Das war ein hartes Stück Arbeit. Erstens kannte jeder unsere neue Wohngegend und zweitens waren die Geschichten um und mit meiner Familie bekannt.

Als alle drei zusagten, war ich überglücklich und meine Mutter machte sich am Tag vor dem Geburtstag zum Einkaufen auf den Weg. Sie kaufte alles für die Schwarzwälder Kirschtorte ein und auch Limo stand Daheim. Mein Geburtstag fiel auf einen Schultag. Ich fuhr mit dem Rad, so schnell ich konnte, nach Hause. Ich war mir sicher, Daheim schon den gedeckten Tisch und auch eine Torte auf dem Tisch zu finden. Ich wurde enttäuscht! Als ich nach Hause kam, war meine Mutter nicht da und auch die Einkäufe standen noch im Kühlschrank. Nach etwa einer Stunde machte ich mich auf die Suche nach ihr und, oh Wunder, sie saß am Ufer unseres Flusses vor der Haustüre an „ihrem" Kiosk und war angetrunken.

Meine Schwester spielte im Kinderwagen mit ihrem Zeug und war glücklich. Meine Mutter saß mit einem Mann auf einer Biertischgarnitur vor dem Kiosk in der Sonne und trank wie immer dieses billige Bier aus der Flasche. Noch heute ekelt es mich an, wenn ich Menschen auf die gleiche Art trinken sehe. Der Mann ihr gegenüber wurde später ihr neuer Mann an ihrer Seite. Bis auf die Tatsache, dass er mich nicht mochte, war er eigentlich in Ordnung und gut für sie. Nur die Sache mit dem Alkohol nahm durch ihn immer wieder Fahrt auf. Er versorgte sie mit Zigaretten und Alkohol. Auch an diesem Geburtstag war er der Gönner, der immer noch ein Bier ausgab. Als ich meine Mutter dort vorfand, war ich sauer. Ich weinte sofort und schrie sie an, dass sie doch Heim kommen müsste. Schließlich würden in wenigen Stunden meine Freunde kommen und Daheim wäre noch nichts vorbereitet.

Meine Mutter fragte mich leicht lallend vor Alkohol, wie viel Uhr wir denn hätten und ob ich nicht erst einmal eine Limo möchte. Das machte mich noch wütender. Ich schrie sie an. Darauf sagte ihr „Neuer", dass ich gefälligst nicht so mit meiner Mutter reden dürfe und ich wurde nach Hause geschickt. Ich sollte mein Zimmer aufräumen, sonst würde man sich für mich schämen müssen. Meine Mutter versicherte, dass sie rechtzeitig Daheim wäre und nun sollte ich sie in Ruhe lassen.

Ich ging nach Hause, räumte mein Zimmer auf und fing an den „Geburtstagstisch" zu dekorieren. Dann saß ich wie so oft am Fenster und schaute nach draußen, in der Hoffnung sie in der Ferne sehen zu können. Die Stunden vergingen und als es nur noch eine Stunde bis zum Eintreffen meiner Gäste war, suchte ich alles zusammen, was man zur Herstellung der Torte brauchte. Ich hatte noch nie gesehen, wie man so was macht, war mir aber sicher, dass es so ähnlich sein musste wie Kuchen backen. Meine Mutter hatte Fertigböden gekauft, Sprühsahne und Marmelade. Kirschen und Schokorasspeln standen bereit.

Eine halbe Stunde noch, dann sollte der erste Gast an der Tür klingeln. Nun war ich wirklich am Ende mit der Geduld. Ich nahm eine Backform aus der Schublade und begann diese mit Sahne zu füllen. Dann drückte ich den ersten Tortenboden hinein und bedeckte auch diesen mit Sahne. Der nächste Boden und das gleiche Spiel noch einmal, bis schließlich drei Böden in der Sahne versenkt waren und die Form bis obenhin voll. Nun musste noch die Deko obendauf, Kirschen und Schokoraspeln und fertig war die Torte. Als ich fertig war, betrachtete ich stolz mein Kunstwerk.

Aber wie jetzt aus der Form bekommen? Den Boden der Form konnte man nicht entfernen und einfach umdrehen ging nicht. Ich wurde immer verzweifelter, je mehr Versuche mir misslangen. Letztenendes entfernte ich das Dekor wieder und versuchte die Torte zu stürzen. Leider hat Sahne die Eigenschaft zu haften und statt einem sauberen Flutschen, fielen nur einzelne Brocken aus der Form und verteilten sich auf der Kuchenplatte. Der ganze Kuchen war zerbrochen und jeglicher Versuch den Schaden zu reparieren, machte es nur schlimmer. Als das Chaos perfekt war, ging die Türe auf und meine Mutter, ihr „Freund", meine Schwester und meine drei Freunde kamen durch die Tür. Meine Mutter war betrunken und als sie vor der Küchentür stand, sah sie ihren weinenden Sohn in der Küche stehen vor der „Torte" und begann zu schimpfen. Warum ich ihren Kuchen zerstört hätte, die teuren Zutaten verschwendet und überhaupt, so macht man doch keine Torte. Ihr Freund kam auch dazu und fragte mich, wie blöd man eigentlich sein müsse, um einen Kuchen so zu versauen. Meine Mutter hätte schließlich gesagt, dass sie pünktlich sein würde und hätte dann schon alles rechtzeitig gemacht.

Meine Schwester spielte im Wohnzimmer und meine Freunde saßen am Geburtstagstisch. Nach ein paar Minuten beruhigte sich meine Mutter und sprach auch beruhigend auf ihren Freund ein. Schließlich ist heute sein Geburtstag und bestrafen könne man mich dafür auch noch später. Der Freund meiner Mutter setzte sich zu meinen Freunden und begann, sichtlich betrunken sich mit ihnen zu unterhalten. Ich stand immer noch heulend und meine Mutter anschreiend in der Küche. Meine Mutter nahm kurzerhand das Telefon, bestellte ein paar Pizzen. Als ich mich endlich beruhigt hatte, nahm sie mich kurz in den Arm und schob mich dann auf wackeligen Beinen ins Wohnzimmer zu all den Anderen. Die Pizzen kamen und jeder griff zu und aß. Natürlich gab es auch Geschenke. Als meine Mutter und ihr Freund wieder etwas nüchterner waren, nahmen sie uns und wir gingen alle zusammen wieder zum Kiosk. Wir bekamen ein Eis und wurden zum Spielplatz geschickt.

Meine Freunde und ich spielten an diesem Abend eigentlich das letzte Mal miteinander. Mir war die Sache irre peinlich und mit dem Abend kam der Abschied. Die Eltern meiner Freunde holten sie am Kiosk ab und als meine Mutter, nun schon sehr betrunken, versuchte, die Eltern meiner Freunde zu einem Bier zu überreden, suchten diese schnell das Weite und waren ab da nicht mehr zu überzeugen, dass ich zu ihnen oder ihre Kinder zu mir durften.

Am nächsten Tag gab es einen handfesten Streit. Wegen meiner Dummheit musste meine Mutter viel Geld für die Pizzen ausgeben und das keiner etwas von der Torte hatte, war nun wirklich mehr als dämlich. Ich bekam Hausarrest und letzten Ende das Verbot noch einmal Freunde zu mir einzuladen. Dieses Verbot wurde zwar schnell wieder aufgehoben, aber nach dieser Aktion hatte eh keiner meiner Freunde mehr die Erlaubnis, noch einmal zu mir oder meinen Eltern zu kommen.

Ich habe mich sehr lange schuldig gefühlt und war der festen Überzeugung, dass ICH es versaut hatte, das ICH ein böses Kind war und während alle versuchten mir einen schönen Geburtstag zu bereiten, hatte ich es mit Eile und Panik versaut. Auch heute zweifele ich noch oft an mir und reflektiere oft mit dem Ansatz, dass es an mir liegt wenn etwas nicht funktioniert oder mich Menschen nicht gut finden oder es einfach mal nicht klappt. Dabei ist es ganz egal, ob mir jemand sagt, dass ich keine Schuld trage oder, dass es einfach nicht möglich war. Diese Prägung, die mir meine Eltern gaben, begleitet mich mein ganzes Leben und ich ertappe mich oft dabei, dass ich ähnlich Fehler in der Erziehung meiner Kinder begehe.

Mein Selbstbewusstsein wurde oft durch Lob oder Kritik geändert. Es dauerte Jahrzehnte, bis ich mich akzeptieren konnte und mit mir selbst im Reinen war. Seitdem das so ist, erlebe und lebe ich, auf eine Weise, die mir zuvor verschlossen war und mir die Welt und andere Menschen und Erlebnisse im Verborgenen hielt.

Vielleicht muss man noch erwähnen: Zutaten für einen Nudelsalat hätten wir nicht einmal Daheim gehabt und wenn meine Söhne Geburtstag haben, backe ich ihnen immer die besten Kuchen, zu denen ich imstande bin und das immer am Abend VOR ihrem Geburtstag. Jeder Wunsch wird erfüllt, nicht mit Größenwahn, aber dennoch so, dass jeder Geburtstag schön ist und sich Eltern und Kinder wohlfühlen. Nur einmal, da habe ich versagt. An einem Silvester stritt ich mich mit der Mutter meiner Kinder, betrunken und traurig. Alles war zu dieser Zeit irgendwie doof. An diesem Abend war ich verzweifelt, ich war unglücklich und das führte dazu, dass die Eltern des besten Freunds meines Sohns mitbekamen, wie ich mich betrunken mit der Mutter meiner Kinder stritt. Aggressiv aber nicht gewalttätig. Seither haben sie immer eine Ausrede, dass ihr Sohn nicht zu uns kann oder nur dann, wenn irgendwie klar ist das ich nicht Daheim bin. Das ist etwas, das ich mir nie verzeihen werde. Ich hoffe, dass ich es irgendwann wieder gutmachen kann. Ich hoffe nur, dass es nicht wie bei mir 27 Jahre dauern wird.

20. Die neue Schule oder Schwangere, Schläger und Straftäter

Nach zwei Jahren in der neuen Gegend musste ich wieder die Schule wechseln. Für die letzten drei Jahre meiner vorläufigen Karriere sollte ich auf eine Schule gehen, die nun endgültig in der schlimmsten Gegend der Stadt lag und als Hochburg der Gewalt an Schulen im Landkreis meiner Heimatstadt stand. Schlägereien, Körperverletzung, Raub, Autodiebstahl oder einfach nur die letzten Klassen hochschwanger oder bereits mit Kind besuchen und zum Stillen nach Hause zu dürfen, war dort ganz normal.

Als ich in die neue Klasse kam, war ich einer von zwei Neuen. Der andere Junge hatte es von Anfang an schwer. Man sah ihm an, dass er weich und emotional war und offensichtlich auch schwul oder zumindest bisexuell orientiert. Er flirtete mit den Mitschülern, was überhaupt nicht gut ankam. Das brachte ihm auch für die zukünftigen Jahre immer wieder Schläge, kaputte Reifen oder einfach nur Dreck im Rucksack oder in der Kleidung ein.

Ich selbst hatte von Beginn an einen anderen Plan. Am ersten Tag suchte ich mir den größten Kerl in der Klasse und begann ohne Vorwarnung eine Schlägerei mit ihm. Ich verlor zwar, aber der Ruf, durchgeknallt und aggressiv, war mir sicher. Man lies mich in Ruhe, zumal sich auch andere in der Klasse deutlich besser als Opfer eigneten. Ich war nicht an den Mädchen interessiert und auch die Kerle ließen mich im Großen und Ganzen in Frieden. In dieser Beziehung hatte ich Glück. Ich war noch sehr unreif und auch nicht wirklich in der Pubertät. Somit interessierte mich das Zeug mit Knutschen und Sex nicht. Darum blieb mir auch viel Ärger erspart, den andere hatten, weil man sich um ein Mädchen stritt oder zufällig das falsche Mädchen zu lange angesehen hatte.

Ich hatte wieder Freude an der Schule und drei hervorragende Lehrer. Mein Klassenlehrer war ein Kerl vom alten Schlag. Ein fliegendes Schlüsselbund war keine Seltenheit und er wusste sich durchzusetzen. Manchmal mit Strenge und manches Mal nur durch zuhören und Feingefühl in einer Pause. Meine Englischlehrerin war eine Göttin in ihrem Fach. Sie war stets lustig und gutgelaunt. Englisch machte Spaß und sie erzählte von all den Reisen, die sie gemacht hatte und welches Tor zur Welt die Sprache Englisch sein kann. Wenn man Fehler machte, musste man in der Klasse eine Seppelmütze tragen, bis der Nächste einen machte.

Einmal musste einer der schlimmeren Schüler die Mütze tragen. Er wurde zornig und riss so fest an der Lehrerin, um die Mütze nicht aufgesetzt zu bekommen, dass diese stürzte. Als sie stürzte, fiel der Klassenraumschlüssel aus der Tasche der Lehrerin. Der Junge nahm ihn sich blitzschnell, rannte zur Tür, verschwand nach draußen und wir hörten, während wir der alten Dame aufhalfen, nur noch das Klappern und wie die Türe verschlossen wurde. Danach das Rennen des Jungen über den Flur und das leise Klingen des Schlüssels im Schloss. Die Lehrerin setzte den Unterricht unbeirrt fort und als die Uhr klingelte und die Stunde zu Ende war, realisierten wir, dass wir die Letzten im Gebäude waren. Nun machte sich doch etwas Panik unter uns breit. Handys gab es noch nicht und die anderen Schüler und Lehrer waren schon weg. Auch der Junge war nicht mehr im Gebäude. Wir versuchten eine Lösung zu finden. Glücklicherweise lag der Klassenraum im Erdgeschoss. Man konnte die Fenster nur auf Kipp öffnen, aber ich, der sehr dünn war, passte hindurch. Also nach draußen aufs Fensterbrett und den Sprung aus ca. zwei Meter Höhe in ein Gebüsch wagen. Dann herum um die Schule, über den Zaun klettern und durch den Flur und alle befreien.

Mit dieser Aktion war ich ein kleiner Held für die Anderen und dadurch fand ich auch meine ersten Freunde an der neuen Schule. Es waren drei Jungs, die so wie ich aus einer anderen Gegend kamen und nur aufgrund der Klassenstruktur diese Schule besuchen mussten. Wir waren lange befreundet und haben auch Einiges zusammen erlebt. Fast nur Gutes und nur Weniges, wobei wir Ärger bekamen. Es war nichts wirklich Schlimmes dabei, fahren mit einem getunten Mofa, fahren ohne Helm oder mit 16 betrunken auf dem Spielplatz. Betrunken heißt hier zwei Bier aus dem Vorrat der Väter geklaut und heimlich durch vier geteilt.

Der dritte Lehrer war für die Fächer Sport und Handwerken zuständig. Er war ein schlimmer Alkoholiker, aber trotzdem immer ein guter Lehrer, soweit ich das beurteilen kann. In seiner Freizeit trainierte er ehrenamtlich Kinder beim Fußball. Mir war er eine große Hilfe. Er sprach mit meinem Klassenlehrer und sagte ihm, dass ich nicht so war wie die anderen Schüler.

Nach diesem Gespräch überzeugte man mich davon in der Schule mehr zu leisten und ich machte meinen qualifizierenden Hauptschulabschluss, der mir später, während meiner Lehre den mittleren Bildungsabschluss, also die mittlere Reife ermöglichte. Ohne diesen Abschluss wiederum hätte ich nie meinen Weg zur Bundeswehr gemacht und dort nie die Menschen getroffen, die mir meinen Weg gezeigt haben und mir mit viel Geduld und Mühe die Gleise neu gestellt haben.

Ich selbst war während der Schulzeit unsicher, schüchtern und einfach nur mit mir selbst nicht im Klaren. Das spiegelt sich in vielen Geschichten wieder. Eine davon betrifft den anderen Jungen zu Beginn des Kapitels. Der Junge, eh schon Opfer und jeden Tag die Hölle durchlebend, traf mich nach der Schule in der Stadt. Er war sehr nett zu mir und auch höflich und freundlich. Wir freundeten uns an. Ich bestand jedoch darauf, dass wir in der Schule so taten, als ob wir uns nicht kennen. Er hielt sich daran, vielleicht auch aus Angst, einen Freund zu verlieren.

Als wir einmal bei ihm waren, setzte er sich dicht neben mich. Er küsste mich und ich ließ es geschehen. Auch, als er begann mich zu streicheln, wehrte ich mich nicht. Erst als ich eine Erektion bekam, wurde es mir unangenehm. Er hatte nichts Schlimmes getan. Er wusste nur einfach, wer er war. Ich habe gemerkt, dass ich nicht auf Männer stehe, dennoch war es mir unangenehm.

Aus Unsicherheit und Angst, er könnte es ausplaudern, erzählte ich es am nächsten Tag in der Schule. Nur das in meiner Version ich mich sofort gewehrt hatte und die „Schwuchtel" über mich hergefallen sei. Nach der Schule wurde auf ihn gewartet. Es war ganz klar: Dafür musste es Schläge geben. Meine Klassenkameraden und ich warteten auf ihn und während ihn die anderen schlugen stand ich dabei. Als sie fertig waren, verpasste ich ihm auch einen Schlag und die anderen hielten ihn fest.

Es hätte einfach gereicht, ihm zu sagen, dass ich an ihm oder an Männern kein Interesse hatte. Mein Körper, jung und ohne Erfahrung, hat einfach reagiert. Ich bin mir sicher, er hätte es verstanden und wir hätten Freunde bleiben können. Leider war ich ein echter Vollidiot ohne jegliches Selbstbewusstsein und Angst, ich könnte nicht in die Norm passen. Schließlich dachte ich, dass Schwule abnormal sind.

Heute weiß ich es besser. Viele meiner Freunde, Männer und Frauen sind homosexuell und ich möchte keinen von ihnen missen. Heute weiß ich, wer ich bin und wenn doch mal ein Mann mit mir flirten würde, nehme ich es als Kompliment und lehne ab.

Leider weiß man oft mit 14 nicht, wer man ist oder was man will. Dank all dieser Erfahrungen und ganz hervorragender Lehrer an einem Ort, an dem man es nicht glauben würde, haben sich hier das erste Mal meine Gleise verstellt und mich in eine neue Richtung gelenkt.

Bildung und Sprache, beides die wichtigsten Dinge auf dieser Welt. Sie führen zu Toleranz und Verständnis. Sie führten mich in viele Länder, zu fremden Kulturen und zu meiner Familie. Die schlimmste Schule in der schlimmsten Gegend mit den besten Lehrern.

Die Namen der drei hab ich nie vergessen und werde es auch nie. Auch den Namen des Jungen weiß ich noch, wenn ich kann, werde ich mich eines Tages entschuldigen.

21. Ich bin Nazi, das ist etwas Gutes

Nach dem zweiten Herzinfarkt meines Vaters wurde er dauerhaft krankgeschrieben. Zwar wusste ich, dass er schwer krank war, (die Leber und das Herz), aber er konnte nicht auf die Dinge verzichten, die ihm Spaß machten. Seine geliebten 6-Ämter-Tropfen, ein Kräuterschnaps in einer kleinen Flasche, den man gut in der Tasche verstecken konnte und auch gut auf Ex trinken.

Der wurde damals auch als „Pennerglück" bezeichnet, weil er günstig und nicht zu stark war. Gebratene Leber und reichlich Bier, fettiges Essen, kein Sport und Zigaretten zu Dutzenden am Tag. Mit der Krankschreibung wurde es mit diesen Gewohnheiten nur schlimmer.

Anstatt den Tag auf Arbeit zu verbringen, ging er nun oft, fast täglich, zum Kunsthandwerker und dort traf man sich im hinteren Teil der Werkstatt. Jeder von ihnen trank seine vier bis fünf Flaschen Bier und diskutierte heiß die Themen Fußball und warum alles in Deutschland den Bach runtergehen würde.

Mein Vater war im Krieg geboren und seine Eltern hatten den Krieg erlebt. Sein Vater an der Front und seine Mutter, als von ihm Geschwängerte auf Fronturlaub, mit Zwangsheirat. Mein Großvater hatte Jura studiert und wurde während des Studiums zum Frontdienst eingezogen. Er sprach nie über den Krieg oder über sonst etwas mit uns, was wohl auch daran lag, dass wir kein gutes Verhältnis innerhalb der Familie hatten. Mein Vater war während des Krieges noch ein Säugling und die einzige Armee, die er besucht hatte, war die junge Bundeswehr, um seinen Wehrdienst zu leisten.

Dennoch war er bei diesen Gesprächen in der Werkstatt der Experte für den zweiten Weltkrieg und wusste auf alles eine Antwort. Er war auch davon überzeugt, dass es damals besser war. Erstens hätte es Zucht und Ordnung gegeben, zweitens hätte man einen fähigen und fleißigen Mann wie ihn gut gebrauchen können und drittens hätte dann auch seine Frau besser gespurt und wäre nie auf die Idee mit dem Verlassen gekommen. So etwas hätte es damals nicht gegeben. Das sagte er wohlweislich, obwohl er wusste, dass sich sein Vater von seiner Mutter für eine andere scheiden ließ.

Nach langer Krankheit und keiner Aussicht auf Besserung bot man meinem Vater eine Abfindung an, wenn er kündigte. Seine Stelle war auch schon von einem türkischstämmigen Mann aus seiner Firma besetzt worden, der fleißig war, nicht trank und einen Führerschein hatte. Mein Vater reagierte trotzig, kündigte, nahm die Abfindung und wandelte diese binnen kürzester Zeit in der Werkstatt des Kunsthandwerkers in Alkohol und Zigaretten um. Ein Stammtischklub in unserer Stammkneipe wurde gegründet: „Der Stammtisch der Piraten" und als Erkennungszeichen trug jeder einen goldenen Totenkopfring mit Diamanten in den Augen. Ich bekam auch einen und durfte mit zum Stammtisch. Schließlich konnte mich mein Vater, wenn ich bei ihm war, ja nicht allein Daheim lassen. So kam es, dass wir immer wieder auch mit meiner Mutter, erst in der Werkstatt waren, um dann von da aus am Abend in die Kneipe zu gehen. Dort war meine Mutter nur sehr selten mit dabei.

Am Tisch waren einige Leute aus der Gegend und aus der Werkstatt, auch der Kunsthandwerker war mit dabei. Mein Vater sprach oft mit den Anderen und nach einigen Monaten in diesem Klub kam auf einmal das Thema HIV auf. Es wurde heiß diskutiert, dass das so und so nur Homosexuelle und Ausländer bekämen. Ein paar Tage später kam mein Vater mit einer Art Namensschild nach Hause. Darauf stand groß „Ich bin AIDS-frei". Der Kunsthandwerker hatte diese Schilder angefertigt und alle trugen sie, ähnlich wie Biker, die Aufnäher an ihrer Jacke.

Mein Vater hatte nun auch wieder eine Arbeit, zwar Schwarzarbeit, aber eben auch Arbeit. Das führte dazu, dass er nun nicht mehr so oft in der Werkstatt war, dafür aber umso öfter in der Kneipe beim Stammtisch. Schnell wurde die These entworfen, dass sie sich nur deswegen in der Lage zwischen Arbeitslosigkeit und Schwarzarbeit befanden, weil ihnen die Ausländer die guten Jobs wegnahmen, weil sie für weniger arbeiten würden. Ich selbst kannte zu dieser Zeit nur vier Ausländer: unsere türkischen Nachbarn mit ihren beiden Kindern. Der Vater war fleißig, die Mutter immer Daheim und die Jungs waren wohl erzogen und anständig.

Wir waren befreundet und ich durfte auch zu ihnen nach Hause. Als mein Vater davon erfuhr, war er sauer. Nicht nur, dass ihm die Ausländer den Job wegnahmen, nun auch noch seinen Sohn. Das hätte es früher nun wirklich nicht gegeben. Er und seine Freund waren alle der gleichen Meinung und eigentlich war ich bei der ganzen Sache egal, aber ich bot einen Grund, um sich aufzuregen und den Hass auf diese Menschen zu schüren.

Erst Jahrzehnte später erfuhr ich, wo der Grundstein für diesen Hass lag: Meine Mutter wurde als Bedienung in ihrer Kneipe von einem türkischen Mann vergewaltigt und dieser wurde ohne Bestrafung abgeschoben. Somit konnte ich mir diesen Hass zumindest etwas erklären. Jedoch sprach mein Vater damals nicht davon, sein Job, die Ausländer und besonders Türken und wie früher schon die Juden. Das wäre das Problem.

Schnell wurde man sich einig, neue Schilder mussten an die Jacke. Erst trug man „Ich bin kein Jude" dann kam dazu „Ausländer raus" und zum Schluss trug man „Stolz NAZI zu sein". Ich konnte mit allen Aussagen etwas anfangen, nur mit dieser Nazi-Sache nicht. Ich verstand nicht, was oder wer ein Nazi war und was das zu bedeuten hatte. Die anderen Sätze ergaben ja etwas Sinn. Ich kannte zwar keine Ausländer, außer die eine Familie und AIDS kannte ich nur aus dem Fernsehen. Aber das mit dem Nazi verstand ich nicht.

Ich fragte meine Lehrerin. Die alte Dame hatte nicht nur den Krieg erlebt. Sie wurde auch von den Nazis verfolgt und eingesperrt. Sie erklärte mir genau, was Nazis waren. Als ich meinen Vater daraufhin ansprach, wurde dieser sehr böse und schlug mich. Einer Judensau zu glauben. Dabei war es vollkommen egal, ob meine Lehrerin eine Jüdin war oder nicht. Nach diesem Streit ging meine Mutter zu meinem Vater. Sie sagte ihm, dass er mit mir reden müsse und das Schild müsse verschwinden. Das tat er auch. Er erklärte mir, das Nazisein etwas Gutes ist. Man liebt sein Land, möchte die Familie beschützen und möchte arbeiten. Das würden eben die Juden und Ausländer verhindern. Ich ging also nach Hause und sagte, dass ich jetzt auch ein Nazi wäre, denn Nazisein ist etwas Gutes, aber irgendwie fand ich darin keinen Sinn. Unsere Nachbarn waren fleißig. Meine Englischlehrerin war so toll und ich fragte mich, ob ich das nicht auch alles sein konnte, ohne andere nicht zu mögen und zu hassen.

Als ich das im Stammtisch der Piraten ansprach, wurde mir erklärt, dass ich für das alles eben noch zu jung sei und meine Mitgliedschaft erst mal abgelehnt wurde, bis ich älter war und das alles dann auch verstehen könne. Die Tatsache, dass mich alle ausgrenzten, weil ich fragte, ihr Verhalten, vor allem, wenn sie dann alle betrunken waren und vor allem das Benehmen meines Vaters bestärkten mich darin, dass Nazisein nichts für mich ist. Ich war gut mit den türkischen Nachbarn befreundet und sie taten mir gut. Leider währte diese Freundschaft nicht lang. Der Vater bekam einen besseren Job und sie zogen aus unserer Gegend und Stadt weg. Mein Vater trug seine Schilder nur noch, wenn ich nicht dabei war. Mittlerweile hatte ich ihm gesagt, dass mir diese Schilder peinlich waren und ich nicht mehr kommen würde, wenn er diese Schilder tragen würde.

Jahre später, ich war schon Soldat bei der Bundeswehr, wurde ich einmal als Zeuge vom militärischen Abschirmdienst vernommen. Dabei erfuhr ich, dass mein Vater eine Akte hatte und was meine Großväter so im Krieg erlebt hatten bzw. wie ihre Position war. Man befragte mich zu einem Verdachtsfall auf Rechtsradikalismus und ich konnte ehrlich sagen, dass ich damit nichts zu tun hatte. Mein Vater behielt seine Meinung bis zu seinem frühen Tod. Allerdings haben wir diese Themen auch nie mehr angeschnitten. Lediglich, als ich bei der Bundeswehr war, trafen ich und einer seiner Zechkumpanen jener, der Jahre später an der Leiche meines Vaters Geld wollte, aufeinander. Man wollte mich im Suff zum Hitlergruß bringen und sagte, wenn ich ein echter Soldat wäre, dann würde ich sie vernünftig und mit Respekt grüßen: Mit „Sieg Heil" und erhobenem Arm. Schließlich waren sie – damit meint er sich und meinen Vater – die letzten „echten" Soldaten der Bundeswehr und hätten, wenn es da nicht nur Juden und Verräter geben würde, da auch Karriere gemacht. Von meines Vaters bestem Freund weiß ich, dass mein Vater ein guter Soldat war. Aber der Alkohol war auch da schon sein größter Feind. Sein Kumpan hingegen war nicht einen einzigen Tag bei der Bundeswehr. Er hatte in jungen Jahren schon extrem schlechte Augen und wurde ausgemustert.

22. Dein Nachbar, der ist Automechaniker

Als das Ende der Schulzeit nahte, war ich eigentlich sehr gut in der Schule. Ich hatte nur noch Einser und Zweier und ganz wenige Dreier. Meine Lehrer schlugen mir vor, dass ich doch den qualifizierten Hauptschulabschluss machen könnte; eine zusätzliche Prüfung für Hauptschüler, die es später mit einer Berufsausbildung und besonders guten Noten in verschiedenen Fächern (Deutsch, Mathe und Englisch) möglich machte, die mittlere Reife zu bekommen und damit vielleicht auch irgendwann einmal das Abitur.

Ich hatte bereits begonnen, mich zu bewerben, aber alle Bewerbungen kamen mit einer Ablehnung zurück. Zu dieser Zeit gab es sehr viele Mittelschüler, die bevorzugt wurden und sich durch ihre bessere Schulbildung das Recht auf eine Ausbildung erkämpft hatten. Ich hatte damals schon meine Traumberufe und einer davon war Flugzeugmechaniker. Umso überraschender für mich, wusste ich doch wie schwer dieser Beruf war, bekam ich Post von der Lufthansa in Hamburg. Sie boten mir an, mich auszubilden. Lediglich ein Umzug nach Hamburg wäre nötig und hier könnte ich für kleines Geld in einem Wohnheim leben. Voller Stolz berichtete ich meiner Mutter davon, als wir in der Bäckerei gegenüber des Kunsthandwerkers saßen und Fertiglasagne aus der Mikrowelle gegessen hatten, die ich so sehr mochte.

Meine Mutter saß in letzter Zeit öfter mit mir in dieser Bäckerei und ersparte mir das Zusammensein mit den Alkoholikern und vergammelten Gestalten in der Werkstatt. Als ich ihr von der Zusage erzählte, voll der Hoffnung, dass sie bestimmt stolz auf mich wäre und zusagen würde, kam von ihr ein NEIN. Sie überlegte nicht einmal, die Absage kam sofort. Ich dürfe auf keinen Fall mit 16 in eine Stadt wie Hamburg ziehen. Da gibt es nur Prostituierte und Drogen, abgesehen davon könnten wir uns das nicht leisten. Alles Bitten und Betteln half nichts und ohne die Zustimmung meiner Eltern, war da nichts zu machen. Mein Vater, der kurze Zeit später davon erfuhr, war auch nicht davon begeistert. Was soll Flugzeugmechaniker für ein Quatsch sein. Davon hatte er noch nicht gehört und abgesehen davon, braucht man dafür bestimmt Abitur und so ein abgehobener Schnösel, der keine Ahnung von ehrlicher Arbeit hat, solle ich nicht werden.

Nach kurzer Überlegung hatten sie beschlossen, dass ich Klempner oder Automechaniker werden sollte. Da verdient man zwar nicht viel Geld auf der Arbeit, aber bei der Schwarzarbeit, da kann man richtig gut Geld verdienen und kann auch reich werden, vielleicht sogar einmal später mit eigener Firma. Dann könnte ich auch in der Gegend bleiben und später einmal, wenn ich ausgelernt hätte, könnte ich mich um meine Eltern kümmern, nach allem was sie schon für mich getan hätten. Es war also beschlossene Sache und so wurde der Nachbar, der unter uns in der Wohnung meiner Mutter lebte, gefragt ob er mich nicht einmal mitnehmen könnte. Dieser schlug mir vor, ich solle doch erst einmal ein Praktikum machen was bald in der Schule anstand. Das hatte ich auch schon für mich geplant und mich bei einer großen BMW-Firma um die Ecke beworben. Ich bekam dort einen Platz, ich versuchte mein Bestes, aber das Arbeiten mit Autos machte mir nicht die gleiche Freude wie zum Beispiel das Basteln an Flugzeugmodellen oder das Backen und Kochen, das ich seit einiger Zeit immer öfter machen musste, da meine Eltern die Versorgung für mich deutlich zurückgeschraubt hatten. Schließlich war ich alt genug, um mir selbst etwas zu machen.

Das Praktikum ging zu Ende und man schrieb zwar, dass ich motiviert und einiges Talent hatte, aber das dieser Beruf nicht unbedingt die erste Wahl sein sollte. Auch eine Bewerbung müsse ich nicht abgeben. Meine Eltern lasen sofort, unser Kind hat Talent, aber die „reichen Leute" von BMW waren sich zu fein für einen Hauptschüler. Für sie war klar: Automechaniker würde mein Ding werden. Mein Nachbar, der von all dem nichts wusste, bot mir zum Ende meiner Schulzeit und mit bestandenem qualifizierendem Hauptschulabschluss an, mich seinem Chef vorzustellen. Das tat er auch und da er noch in unserem Haus wohnte, nahm er mich auch mit zur Arbeit.

Herr Müller war der Chef und der Meister des Betriebs. Dazu gab es noch seine Frau, die die Buchhaltung machte, meinen Nachbarn Waldemar, einen Gesellen, Gustav, der unglaublich gut als Automechaniker war und Fritz, ein dritter Geselle, der sich später als aggressiver Sadist herausstellte.

Mein Probearbeiten lief so lala und am Ende der zwei Wochen sagte mir mein Chef, dass ich wirklich nicht so gut und fleißig war. Da er aber von Waldemar wusste, wie ich lebte und was aus mir werden würde, wenn er sich nicht meiner annimmt, stimmte er einem Vertrag zu und ich durfte mit meiner Probezeit beginnen.

Während dieser drei Monate machten es mir meine Gesellen schwer. Auch fiel es mir schwer, die ganzen Regeln zu befolgen und ich zahlte seit Lehrbeginn Miete. Meinen fast kompletten Lohn nahm meine Mutter und mir blieb nur wenig für ein Pausenbrot und etwas Freude am Wochenende.

Die ersten Monate der Lehre waren sehr hart für mich. Das ungewohnte frühe Aufstehen, die Pünktlichkeit, das körperlich schwere Arbeiten und die unterschiedliche Wesensart meiner Gesellen machte mir zu schaffen. Waldemar brachte mir alles mit sehr viel Geduld bei und wir lachten häufig miteinander. Gustav war streng, hatte aber einen guten Humor und war sehr fleißig.

Er arbeitete nach der Arbeit immer noch an seinem Auto oder an anderen von Freunden. Fritz hingegen war oft krank und wenn er da war, war er grausam oder aufdringlich. Einmal hielt ich ein Getriebe zum Einbau nach oben, beide Hände waren voll und ich brauchte alle Kraft. Da kam Fritz an und griff mir zwischen die Beine, ein Kommentar, etwas im Sinne von „Na, wenigstens ist der Schwanz groß, wenn schon die Arme dünn sind" und er ging weiter. Manche Male, wenn ich ihm nicht schnell genug arbeitete, nahm er einen alten Keilriemen und zog ihn mit aller Kraft entweder über den Rücken oder meinen Hintern. Das Fass zum überlaufen brachte er allerdings, als er mir das Abdeckgitter der Grube auf die Hände fallen lies, um mich zu ärgern oder zu bestrafen. Ich war zwar relativ schnell mit den Händen unter dem Gitter weg aber meine Daumen bekamen das Gitter ab und zeitgleich klemmte es beide Daumen ab, die Nägel standen sofort ein Stück nach oben und wurden blau und Blut quoll aus den nun offenen Daumenenden heraus. Mein Meister nahm mich mit in sein Büro und schenkte ein großes Glas Schnaps ein. Ich dachte, ich bekomme Schnaps, aber bevor ich reagieren konnte, nahm er meine Daumen und tunkte sie in das Glas. Der Schmerz war unglaublich. „Das muss man desinfizieren", sagte er. Nachdem ich so verarztet war, schickte er mich nach Hause und mein Vater brachte mich ins Krankenhaus. Ein anderes Mal, als er wegen mir die Abmahnung für meine Daumen bekommen hatte, schickte mich Fritz in die Grube zum Putzen. Dort klebte altes Öl und die Reste der Reparaturen am Boden. Ich schüttete Sägespäne in die Grube, nahm den Besen und begann zu schrubben. Plötzlich stand Fritz am Rand der Grube. „So wird das nichts," sagte er. Er hob einen Kanister und schüttet ein paar Liter davon in die Grube. Der beißende Gestank von Verdünnung war sofort zu riechen. „Damit bekommst du alles weg", sagte er und ging. Ich begann zu schrubben und dann wurde es schwarz. Einige Stunden später fasste mich Waldemar an der Schulter. Ich war wohl bewusstlos bzw. stand nur noch apathisch in der Grube. Das Ganze hätte mich umbringen können. Als Rache nahm Gustav eines Tages den Bremsenreiniger. Fritz stand unter dem Auto an der Hebebühne und schraubte. Gustav nahm das Spray, sprühte Fritz Bein damit ein, nahm ein Feuerzeug und zündete das hoch entzündliche Spray an. Fritz Bein stand kurz in Flammen und war auch gleich wieder aus. Als er sich jedoch zum Feierabend umzog, sah man, dass sein Bein rot war und alle Haare weg waren.

Nach ein paar Wochen hatte sich das Ganze so zugespitzt, dass Fritz gehen musste. Er wurde fristlos gekündigt und ab da war es auf der Arbeit viel besser für mich. Das soll nicht heißen, dass meine Gesellen und mein Meister mich nicht bestraften. Die Strafen waren jedoch fair und ich hatte sie auch immer verdient. Ein Beispiel dafür war meine nicht ausreichende Arbeit beim kehren der Werkstatt am Abend. Ich war wieder einmal mehr mit Quatschen beschäftigt als mit kehren und als der Feierabend kam, legte ich den Besen weg. Mein Meister kam, nahm den Besen, kehrte Ratzfatz einen kleinen Haufen zusammen und sagte mir, dass ich erst dann gehen durfte, wenn ich fertig sei und die Werkstatt sauber. Es dauerte lange und manche Ecken kehrte ich viermal.

Das Ergebnis war, dass ich meinen Bus verpasste. Mein Geselle war vor einigen Wochen weggezogen und ich war, ohne Auto, auf Bus und Rad angewiesen. Es war Winter und so bevorzugte ich den Bus. An diesem Tag hatte ich den letzten Bus verpasst. Mein Meister wünschte mir einen schönen Feierabend und ich machte mich zu Fuß auf den Heimweg. 7 km im Dunkeln bei Kälte und Schnee. Am nächsten Tag war die Werkstatt sauber.

Mein Vater übte auch immer wieder seinen Einfluss auf mich aus, leider nicht zum Guten. Als ich mein zweites Lehrjahr und die Zwischenprüfung bestanden hatte, war er der Meinung, dass wir das ganze feiern müssten. Wir gingen gemeinsam zum Griechen um die Ecke und ich trank mit ihm Bier auf seine Rechnung. Der Wirt war ein Bekannter aus alten Zeiten und als mein Vater ihm den Grund der Feier berichtete, stand auch gleich eine Flasche Ouzo auf dem Tisch.

Wir tranken zu dritt mehrere Bier und die ganze Flasche Ouzo. Es war klar, dass ich am nächsten Tag nicht arbeiten konnte und so rief mein Vater sturzbetrunken bei meinem Chef an und sagte ihm mit schwerer Zunge, dass es mir nicht gut geht und ich morgen nicht kommen würde. Ich fand das damals toll und es war auch der erste wirkliche Zugang zu Alkohol.

Alkohol ist etwas, zu dem ich bis zum heutigen Tag ein sehr gespaltenes Verhältnis empfinde und leider habe ich immer noch nicht den hundertprozentig guten Umgang damit, etwas zu trinken.

Als ich zwei Tage später wieder zur Arbeit kam, nahm mich mein Chef sofort mit ins Büro. Er wusste sofort, was los war und nahm mich ins Gebet. Das Ganze war mir eine Lehre und es kam auch nicht wieder vor. Ich lernte von meinem Meister und meinen Gesellen viel über Fleiß, Ehrlichkeit und auch der Gedanke nach meiner Lehre zur Bundeswehr zu gehen kam mir dort zum ersten Mal.

Auch mein Freundeskreis hatte sich geändert und ich hatte die Schule hinter mir gelassen. Ich traf meinen damals besten Freund, der heute, nach 25 Jahren immer noch einer mein bester Freund ist, zum ersten Mal. Wir waren nach einiger Zeit zu viert. Einer von Ihnen war der Junge aus der Schlägerei mit der Pistole, einer hat sich vor wenigen Jahren das Leben genommen, im Drogenrausch, wie es heißt, und mit einem, dem ersten, bin ich heute noch befreundet, auch wenn sich unsere Leben sehr unterscheiden und wir uns deshalb nicht mehr so viel zu erzählen haben.

Mein Nachbar und Geselle starb vor wenigen Jahren an Krebs und ich selbst hatte das Glück, dass ich zwar meine Lehre damals bestand, aber mein Chef mich nicht übernehmen wollte. Durch die Arbeitslosigkeit und viele erfolglose Bewerbungen fasste ich den Entschluss, zur Bundeswehr zu gehen und während ich dieses Buch schreibe befinde, ich mich wieder einmal im Auslandseinsatz, trage Verantwortung für mich, Material und meine Soldaten. Meine Familie und die Menschen, die ich liebe sind Daheim. Ich bin dankbar, dass ich das alles tun kann und das mich meine Kinder jeden Tag vermissen und ich sie.

23. Flucht, Hundefutter, Heimkehr

In all den Jahren meiner Jugend und auch später bin ich ständig geflohen und immer wieder heimgekehrt.

Zwischen all den Grausamkeiten meiner Eltern hatte ich keine Gelegenheit, zu mir zu finden, und mein eigenes Zuhause zu schaffen, zu dem ich heimkommen konnte. Es dauerte Jahre, viele Fehlschläge, traurige und wunderschöne Erlebnisse, Reisen, Schmerz, Lachen und die richtigen Personen in meinem Leben. Manches auf den ersten Blick Furchtbares ist nach all den Jahrzehnten für mich einfach nur noch witzig.

Auf unserer ersten Flucht – meine Mutter verließ meinen Vater kurz und wir zogen in ein Frauenhaus gleich um die Ecke – lebten wir mit einigen Müttern zusammen, die alle das gleiche Schicksal teilten. Ein paar sind mir bis heute in Erinnerung geblieben. Da gab es dieses wunderschöne Mädchen mit den langen braunen Haaren. Sie war ungefähr 1,60 m groß und ihre Haare reichten bis zum Boden. Ihre Mutter saß mit ihr immer in der Küche und kämmte ihre Haare, manchmal stundenlang.

Eine der Damen hatte einen kleinen Hund. Ihr Kind sah man nie. Sie sprach nur immer von ihrem Kind und ich glaube, sie meinte ihren Hund.

Ich kam eines Tages von der Schule, ging zu meiner Mutter, stellte meinen Schulranzen in unser Zimmer. Da sie beschäftigt war, fragte ich sie nach Mittagessen, aber sie gab es mir nicht. „Das Essen steht in der Küche auf dem Herd," sagte sie. Als ich in die Küche ging, standen da zwei Töpfe auf dem Herd und es roch nach gekochtem Fleisch mit Soße und Nudeln, die in zwei Töpfen köchelten.

Ich nahm mir eine große Kelle Nudeln und schöpfte mir auch einen großen Schlag vom Gulasch darüber. Es schmeckte gut, kochen konnte meine Mutter, nur dieses Mal fehlten ganz klar Salz und Paprika.

Ich hatte meinen Teller leer und gerade, als ich den Zweiten nehmen wollte, kam die Hundefrau ins Zimmer. Erbost rief sie meine Mutter. Wir Schmarotzer sollten aufhören ihre Sachen zu nehmen und dann auch noch das gute Essen. Ich entschuldigte mich, wusste ich doch nicht, dass es ihr Essen war. Meine Mutter sagte, dass die Nudeln aber uns gehörten. „Das stimmt", sagte die Hundefrau, aber das Hundefutter im anderen Topf gehöre ihrem Baby. Die gute Frau hatte den Topf mit Hundefutter gefüllt und gekocht, denn ihr Liebling mochte sein Essen nur warm.

Ich hingegen verspürte auf einmal den dringenden Wunsch, mich zu übergeben. Als ich meinem Vater von dieser Geschichte erzählte – besuchen durfte ich ihn noch – sagte er meiner Mutter wütend, wohin sie nun diese Wut geführt hätte. Ihr Sohn aß Hundefutter. Nach dieser Episode kamen wir zurück nach Hause und als ob nichts gewesen wäre, ging es einfach weiter.

Auf diese Art flohen wir zwei bis drei Mal und es dauerte nie lange, bis die Einsamkeit oder mein Wunsch nach einer heilen Familie uns zur Rückkehr bewogen. Mein Vater schaffte es auch immer wieder, nach so einer Flucht für mehrere Tage, manchmal sogar Wochen, kaum etwas zu trinken und sich zu benehmen. Mir ging es damit mal besser und mal schlechter. Körperlich nahm mich das Ganze jedes Mal mit und wenn alles wieder „normal" war, fingen beide auch wieder an zu trinken. Leidtragender war nach so einer Flucht jedes Mal ich. Sie verstanden es beide, ihren Frust an mir auszulassen. Bestätigung, Liebe und Vertrauen Fehlanzeige. Ich habe dieses Verhalten lange selbst gepflegt. Flucht, den Anderen dafür verantwortlich machen und sich nicht die eigene Schuld an der Sache eingestehen, die man trägt. Manchmal auch die Flucht in die falsche Richtung.

Als ich meine letzte Partnerin, vor der Mutter meiner Kinder, mit der ich heute noch zusammen bin, hatte, war es ganz einfach. Ich mache alles falsch, sie alles richtig. Meine Familie ist nichts wert und ich kann froh sein, dass ich in ihre dürfe. Aus solchen Aussagen wurden Beleidigungen, aus Beleidigungen wurde körperliche Gewalt. Erst ganz vorsichtig, dann immer stärker. Ich verstehe, dass meine Ex-Freundin damals frustriert war. Sie war kurz vorher verlassen worden, wie ich auch, und ich war einfach nicht der Richtige für sie. Ich war da und ich war anders. Ich hingegen bekam von allen Seiten gesagt, dass sie nicht die Richtige ist und ich weglaufen soll, so schnell ich kann. Statt das zu tun, wurde ich trotzig. Ich wollte um jeden Preis dazugehören. Normal sein, Streit war für mich in einer Beziehung normal und an der Gewalt war ich schließlich selbst Schuld. Sie müsste mir nicht weh tun, wenn ich nicht immer wieder so dumme Dinge tun würde. Das letzte Mal als sie heimkam, waren alle Nudeln verkocht. Da waren alle folgenden Beleidigungen nur normal.

Ich floh einmal zu Freunden, als es besonders schlimm war. Nach einem Tag sah ich ein, dass eigentlich alles mein Fehler war und ich zurück müsse. Ich sagte ihr, dass ich sie liebe und mich bessern würde. Leider wusste ich nicht, dass sie in der Zwischenzeit die Scheidung unserer viel zu überstürzt geschlossenen Ehe, eingereicht hatte und einer der besten Anwälte daran war, ihr Tipps zu geben, wie man mich am besten in Grund und Boden bringen konnte.

Natürlich bin ich tatsächlich nicht unschuldig am Scheitern der Ehe. Ich habe sie immer wieder provoziert, sie einmal sogar betrogen. Ich habe sie mit Nichtachtung gestraft und über Tage nicht mit ihr gesprochen. Ich war einfach nicht der Richtige und statt zu gehen und es neu zu versuchen, floh ich in eine Ehe, um nicht wieder als Verlierer dazustehen. Sie brauchte einen liebevollen Mann mit Geduld und der Fähigkeit da zu sein, körperlich und emotional.

Ich hingegen war ständig unterwegs auf Lehrgängen. Wenn ich da war, war ich chaotisch, verschwenderisch. Körperlich da, aber im Kopf auf der Arbeit. Meine Familie führte sich wirklich verletzend und schlimm ihr und ihrer Familie gegenüber auf.

Meine Mutter war dem Tod von der Schippe gesprungen, als ich sie das letzte Mal besuchte. Einen Tag vor meiner Hochzeit rief der Arzt an. Ich solle nach Hause kommen, meine Mutter liegt im Sterben. Ich hatte kein gutes Verhältnis mehr zu ihr und meine Familie hatte mich über Jahre finanziell und emotional ausgenutzt. Lange hatte ich meine Familie finanziell unterstützt, bis ich irgendwann einmal erfuhr, dass diese Unterstützung schon seit einiger Zeit nicht mehr notwendig war und mein Geld in Zigaretten floss.

Auf die Einladung zu meiner Hochzeit reagierte man mit dem Satz: „Aber schenken können wir dir nichts und wenn wir kommen, dann entweder mit einem Taxi (220 km) oder du holst uns ab. Mit dem Zug ist das zu umständlich." Als mir meine Frau damals sagte, dass es unverschämt ist und einfach nicht in Ordnung, hatte sie Recht. Die Folge war, dass meine Mutter und meine Schwester mit meiner frisch getauften Nichte absagten und keiner meiner Familie da sein würde.

Nun kam es aber so, dass ich nach Bamberg fahren sollte, um zu entscheiden, ob man die Geräte, an denen meine Mutter hing, abstellen oder laufen lassen solle. Nach langer Diskussion konnte ich mich durchsetzen und fuhr mit einem Freund in meine Heimatstadt. Dort angekommen, sprach ich mit dem Arzt und entschied, da ich wusste, dass sie auf keinen

Fall an Instrumenten hängen wollte, dass man die Geräte abschaltet. Meine Schwester, die eigentlich in Verantwortung stand, war an diesem Tag und dem vorherigen nicht auffindbar und ich war die zweite Person auf der Liste. Wir gingen also in ihr Zimmer, der Arzt erklärte mir alles und dann zog er die Intubation aus dem Mund meiner Mutter. Sie öffnete die Augen, hustete, räusperte sich und atmete friedlich und ruhig. Nach ein paar Minuten richtete sie sich auf und anstatt zu sterben, war sie munter und fidel. Die Einschätzung des Arztes war falsch. Ich konnte mich kurz mit ihr unterhalten und fuhr wieder zurück, um am nächsten Tag zu heiraten.

Am Abend meldete sich meine Schwester und teilte mir mit, ich wollte ihre Mutter sterben lassen und sie hätte keinen Bruder mehr. Was soll ich sagen, die Hochzeit war großartig und das meine ich ganz ohne Ironie. Gutes Essen, toll getanzt, klasse Musik und bis auf eine kleine Episode mit meiner Schwiegermutter, die mich sehr hasste. Sie flüsterte mir beim Tanzen ins Ohr: „Ich sorge dafür, dass diese Ehe nicht hält und du danach nichts mehr hast". Es war eine wunderschöne Hochzeit und nicht einmal meine Schwiegermutter oder die Tage davor trübten die Stimmung.

Das Einzige, was mir zu denken gab, war die Hochzeitsnacht. Als ich heimkam, wollte ich meine Frau ausziehen und na ja, die Hochzeitsnacht eben. Sie ging ins Schlafzimmer und als sie wieder herauskam, hatte sie ihren Schlafanzug an und mit den Worten „der Tag war hart" ging sie schlafen. Der Rest ist Geschichte und bis auf eine sehr verrückte Seelenrückführung und Schakrenreinigung, zu der mich meine Frau zwang, und die ich im Nachhinein als wirklich segensreich und gut ansehe. Wir waren zu dieser Zeit füreinander einfach der falsche Mann und die falsche Frau. Ich versuchte damals lange Zeit alles, um an dieser Ehe festzuhalten.

Einmal, ich war gerade wieder auf einem Lehrgang, saß ich mit einem Kameraden in der Bar und hatte schon drei bis vier Bier getrunken. Meine Frau rief an und als sie merkte, dass ich unter der Woche Bier trank, war sie sauer. Wir stritten uns sehr und ich sagte ihr im Zorn, dass sie mich mal kann und ich sie verlassen werde. Nach etwas Überlegen fühlte ich mich schlecht, sie ging aber nicht mehr ans Telefon. Also lieh ich mir ein Auto, da ich ohne Auto unterwegs war in dieser Woche und fuhr nach Hause. 150 km angetrunken im Winter bei Nacht. Als ich die Tür öffnete schlief sie fest. Ich weckte sie und nach zwei Minuten war alles geklärt. Ich legte mich dazu, schlief ein und fuhr nach etwa fünf Stunden wieder zurück, um pünktlich in der Klasse zu sitzen.

Mit dem Scheitern meiner Ehe lernte ich mich selbst und andere kennen. Mein bester Freund war vor kurzem tödlich verunglückt und ich beschloss, zum Psychologen zu gehen. Es dauerte mehr als ein Jahr und bis zu zwei Therapiesitzungen in der Woche. Vieles wurde geklärt und ich konnte mit Hilfe des Psychologen, Sport, Alkoholverzicht und dem Kennenlernen der richtigen Person und der richtigen Freunde mein Leben wieder in Bahnen lenken. Heute habe ich ein Zuhause, Liebe, Vertrauen und Erfolg.

Ich fällte die Entscheidung wegzuziehen, den Job zu wechseln, neu anzufangen und bin dank großartiger Menschen, die seitdem zu meinem Leben zählen, sehr glücklich. Ich lerne jeden Tag dazu, bin motiviert, erfolgreich. Ich habe großartige Kinder, eine tolle Familie und eine Frau, die Mutter meiner Kinder, die zum Besten gehört, was mir in meinem Leben passiert ist. Die durch dick und dünn, vom Lachen bis zu tiefer Trauer, immer für mich da war und sein wird. Ich habe eine Freundin in Berlin, die ich sehr liebe. Freunde, denen ich das sagen kann was ich denke. Kollegen, auf die ich mich blind verlassen kann. Ich kann auf viele Reisen positiv zurückblicken, von Amerika bis in den Nahen Osten, auf Wanderungen über hunderte Kilometer und auf Wettbewerbe an der Grenze zur Lebensgefahr. Zu all dem brauchte es nur die richtigen Schaffner, das richtige Gleis und genügend Dampf auf dem Kessel. Natürlich war auch der ein oder andere falsche Bahnhof dabei, es ging bergauf und oft wurde die Kohle knapp, aber heute geht es gut voran mit einem festen Ziel vor Augen.

24. Der Abschied und der letzte Atemzug

Als meine Schwester das zweite Mal den Entschluss fasste, nach Amerika auszuwandern, ließ sie unsere Mutter mit Schulden, einer Katze und einem unglaublichen Trennungsschmerz zurück, der ihr bis zum Lebensende das Herz gebrochen hat.

Meine Schwester bekam ein Kind von einem amerikanischem Soldaten, der direkt nach der Geburt nichts mehr mit Mutter oder Kind zutun haben wollte. Aus dieser Not heraus wuchs meine Nichte bei meiner Mutter und bei meiner Schwester im gemeinsamen Haushalt auf. Meine Mutter liebte ihre Enkelin über alles und natürlich auch meine Schwester. In den nächsten Monaten begab es sich, dass ein Amerikaner aus dem gemeinsamen Freundeskreis vom Kindsvater und meiner Schwester, sich in Selbige verliebte und sie sich dazu entschloss zu heiraten und das Kind anzunehmen. Meine Schwester zog aus, in die amerikanische Kaserne zu ihrem neuen Mann. Ihr Neuer war eigentlich ein netter Junge, den ich kennenlernen durfte. Südstaatler und mit vielen Vorurteilen, aber doch ganz ok. Leider musste er kurz darauf nach Afghanistan und blieb dort sehr lange. Als er wiederkam, hatte er sich verändert: Drogen, Alkohol und posttraumatische Belastungsstörungen gehörten jetzt zu seinem Alltag. Die Beziehung zu Kind und Mutter litt sehr, dennoch entschloss sich meine Schwester mit ihm nach Amerika auszuwandern.

Diese erstmalige Trennung war zwar die Hölle für meine Mutter, aber sie führte, aufgrund Ihrer Einsamkeit, auch zu einer Annäherung zwischen ihr und mir. Nach kurzer Zeit wurde klar, dass sie viele finanzielle Probleme hatte und ich entschloss mich dazu, ihr zu helfen. Ich überwies ihr monatlich etwas Geld, nur wenige hundert Euro, um sie in ihrer Wohnung zu halten und dafür zu sorgen, dass sie immer Essen auf dem Tisch hatte.

Ich erfuhr erst nach ihrem Tod, dass sie sich treu geblieben war. Ein großer Teil des Geldes wurde in Zigaretten investiert, Alkohol trank sie keinen mehr, worauf sie sehr stolz sein konnte. Der Rest des Geldes wurde in Geschenke investiert und nach Amerika verschickt.

Ich besuchte meine Mutter einmal und bei einem langen Gespräch sagte ich ihr, dass jegliche Liebe für sie vergangen war und ich lediglich für sie da war weil ich das für meine Pflicht als Sohn halten würde. Sie war sofort aschfahl und ich spürte, wie sehr sie diese Worte trafen. Sie weinte die ganze Nacht und den ganzen Tag, beteuerte, dass es ihr leid tun würde, sie mich aber auch versteht.

Nach einigen Monaten meldete sich meine Schwester aus Amerika. Sie fragte, ob ich ihr Geld schicken könne, um wieder nach Deutschland zu kommen. Ihr Mann war straffällig geworden. Drogenverkauf, räuberische Erpressung und versuchter Mord. Sie wäre zu seiner Tante geflohen und brauchte nun Geld, um wieder nach Hause zu kommen. Da sie in den letzten Jahren immer wieder log und mich enttäuschte, beriet ich mich lange mit meiner Ex-Frau. Sie war in dieser Beziehung ganz klar und sagte, dass ich das auf keinen Fall tun dürfe. Also tat ich das auch nicht. Meine Schwester kam dennoch zurück nach Deutschland und lange Zeit erfuhr ich nicht, woher das Geld dafür stammte.

Ich selbst beendete mit dieser Aktion wieder meine Unterstützung für meine Mutter. Ein knappes Jahr später besuchte ich – meine Ehe war in der Zwischenzeit schon lange gescheitert – mit meiner neuen Partnerin und der zukünftigen Mutter meiner Kinder, meine Familie. Meine Freundin war der Meinung, ich solle die Familie wieder verbinden. Meiner Schwester lag auch daran, dass ich meine Nichte wiedersah und weil auch ich meine Nichte sehr liebe, war auch mir daran gelegen. Der Besuch war ganz großartig. Meine Nichte, wunderschön und klug, war so auf der Suche nach Nähe und Liebe, dass es eine wahre Freude war. Meine Schwester ließ uns den Raum zu dritt. Am Abend kuschelten wir auf der Couch und mir wurden alle Pläne für die Zukunft mitgeteilt. Meine Schwester hatte einen Job, der gut bezahlt war, eine neuen Freund, der wohl auch ganz nett war und wollte bald aus der Wohnung meiner Mutter ausziehen, um sich selbstständig in ihrem Leben zu bewegen. Meine Mutter war glücklich, denn schließlich hatte sie ihr Enkelkind wieder und das war für sie das Größte.

Auf der Heimfahrt beriet ich mich lange mit meiner Freundin und wir kamen zu dem Schluss, dass wir allen eine neue Chance geben sollten. Ein Besuch in Rostock bei uns zu Hause wurde vereinbart. Wir sagten uns, dass wir die junge Familie finanziell unterstützen wollten, um den Start zu erleichtern. Termine wurden vereinbart, Absprachen getroffen und ich freute mich sehr auf den Besuch meiner Nichte.

Nur wenige Wochen später klingelte das Telefon. Meine Schwester war in einer Nacht- und Nebelaktion zurück nach Amerika geflogen mit

Kind und Kegel. Zurück zum Ex. Meine Mutter wusste von allem, aber aus Liebe zu ihr hat sie sie unterstützt und mir erst am Sterbebett anvertraut, das sie diese Entscheidung bis zu ihrem Tod bereute. Nicht wegen meiner Schwester, sondern wegen meiner Nichte.

Meine Schwester war nach kurzer Zeit wieder unglücklich und fragte wieder nach Geld um zurückzukommen. Schließlich hätte wir sie ja auch in Deutschland unterstützen wollen. Wir verneinten ein zweites Mal und nach einigen Wochen erfuhren wir, dass sie ihren Mann für einen Anderen verlassen hatte. Ein 17-jähriger Junge, den sie bereits in Deutschland, nach ihrer ersten Flucht in einem Chat kennengelernt hatte. Direkt nach Scheidung von Mann Eins wurde Mann Zwei geheiratet. Beim ersten Kennenlernen erfuhren wir, dass er aufgrund einer geistigen Störung Rente erhielt und alle zusammen in einem Haus lebten.

Der Ex-Mann war inzwischen auf der Fahndungsliste der Polizei und kam wenig später ins Gefängnis. Die Hochzeit wurde uns per Bilder und einem kurzen Text mitgeteilt. Sie ist jetzt glücklich und alles ist wunderbar.

Meine Mutter saß derweil mit Schulden für Ratenzahlungen, einer Katze, die meine Schwester angeschafft hatte und auch sonst einigen Verpflichtungen finanzieller Art in ihrer Wohnung. Sie schuftete als Putzfrau in drei verschiedenen Stellen, schickte alles, was sie hatte in die USA und war verzweifelt. In dieser Not kam die göttliche Fügung.

Wir waren in der Zwischenzeit Eltern geworden und aus beruflichen Gründen brauchten wir eine Betreuung für unseren Sohn. Nachdem alle Verwandten berufstätig waren, rangen wir uns dazu durch, meine Mutter zu fragen, ob sie uns helfen könne.

Sie sagte ohne Zögern zu und war, wie ich sie auch schon bei meiner Nichte erlebt hatte, eine wundervolle Großmutter. Im Zuge ihrer Zeit bei uns erfuhr ich in Teilen von all ihren Sorgen. Ich machte mich an die Arbeit. Briefe wurden geschrieben, Vergleiche erwirkt, Rechnungen bezahlt. Das Haustier wurde abgeschafft und ich richtete es ein, dass meine Mutter monatlich von mir Geld bekam. Allerdings verlangte ich das Führen eines Haushaltsbuchs, um nachvollziehen zu können, wohin mein Geld dieses Mal ging.

Meine Schwester verlor ihr Haus in den USA durch ein Unwetter. Ein Hurrikan zerstörte es und sie zog mit Mann und Kind zu ihrer Schwiegermutter, bei der sie bis heute leben. Sie hatte immer wieder einen Job aber der Traum vom großen Glück blieb aus. Eine zweite Schwangerschaft stellte sich ein und meine Mutter war tieftraurig, dass sie dieses Kind niemals würde sehen können.

Sie hatte in der Zwischenzeit auch wieder mit dem Krebs zu kämpfen und der Arzt machte uns keine Hoffnung auf ein langes Leben. Ich dachte lange darüber nach und kam zu der Entscheidung, dass ich der Großmutter, nicht der Mutter, viel zu verdanken habe. Sie war die beste Oma, die man sich wünschen konnte und auch noch Jahre nach ihrem Tod liebt mein Sohn sie sehr und kann sich an jedes Detail erinnern.

Es wurde Weihnachten und wie die letzten Jahre nach dem zweiten Auswandern meiner Schwester feierte meine Mutter bei uns. Wir schenkten Ihr die Reise zu meiner Schwester, kümmerten uns um Taschengeld und eine Versicherung. Mit meiner Schwester wurde abgesprochen, dass meine Mutter in den USA von ihnen versorgt werden solle und damit war es abgemacht.

Die erste Nachricht meiner Mutter war, dass sie nichts mehr hatte, das ganze Taschengeld, dass ich ihr mitgegeben hatte, war aufgebraucht und sie bat mich um Geld. Mir war von vornherein klar, dass so etwas passieren würde und so hatte ich ihr vorsorglich schon Geld bereitgestellt, das auf dem Weg zu ihr war. Täglich kamen gute und auch schlechte Nachrichten. Meine Mutter sollte zwei Monate in den USA bleiben und es verging kein Tag, an dem sie nicht freudestrahlend oder tieftraurig mit uns telefonierte.

Sie war in der Zwischenzeit von einer Giftspinne gebissen worden, weil aber keiner für die Behandlung aufkommen konnte, behandelte man sie Zuhause mit Hausmitteln. Sie hatte starke Schmerzen und selbst nach der Rückkehr nach Deutschland dauerte es Monate bis zur vollständigen Genesung.

Der Krebs setzte ihr mittlerweile stark zu und sie konnte nicht mehr so viel arbeiten. Sie hatte das Rauchen aufgegeben und ich erhöhte meine monatlichen Zahlungen. Als ich versetzt wurde, hatten wir ein weiteres Mal das Problem der Betreuung. Meine Mutter bot sich ein zweites Mal sofort an und half uns unglaublich damit. Wir mieteten eine Wohnung für sie und sie zog für eine paar Monate zu uns. Sie war einfach klasse und wann immer ich sie mit meinem Sohn sah, wurde es mir warm ums Herz.

Als alles überstanden war, nahm ich sie und sagte ihr, dass alles vergeben ist. Alles was als Mutter falsch lief, hat sie als Oma wieder gutgemacht
und mit diesen Gedanken lebten wir bis zum letzten Atemzug.

Meine Mutter sagte mir oft, dass sie sich um mich sorgte, ich wäre so
hart geworden, emotionslos und immer so nüchtern, der alles nach Kopf
und nichts nach Herz entscheidet. Leider stimmt das und ich werde sehr
oft darauf hingewiesen, dass ich nie lache und auch immer sehr hart und
emotionslos wirke.

Der Arzt meiner Mutter hatte sie vor kurzem in ein Krankenhaus ein-
gewiesen und uns mitgeteilt, dass mit erfolgreicher Behandlung ihre Le-
benserwartung noch fünf Jahre wäre. Also beschlossen wir, dass sie zu uns
nach Rostock ziehen sollte. Wir suchten eine Stelle in einem Haus für be-
treutes Wohnen und in ein paar Wochen sollte es soweit sein.

Als sie wieder aus dem Krankenhaus kam, war sie voller Energie, lediglich ihr Arm tat ihr weh. Ich wollte in ein paar Tagen den Jakobsweg in
Portugal gehen und besuchte sie noch einmal vor der Abreise. Es ging
ihr zwar gut, aber ihr Arm tat furchtbar weh. Wenige Stunden bevor ich
wieder nach Hause fahren musste, saß sie auf ihrem Sofa und weinte. Ihr
Arm war blau und geschwollen. Ich rief den Notarzt und ließ sie ins Krankenhaus bringen. Das Röntgen ergab, dass ihr Arm gebrochen war. Der
Krebs hatte gestreut und ihren Knochen zerfressen. Der Arm war einfach
abgebrochen. Mit viel Recherche fand meine Freundin eine gute Klinik in
München und nach viel Bürokratie durfte meine Mutter dort zur Behandlung. Der Arm wurde bestrahlt und nach eingehender Untersuchung,
meine Mutter klagte seit neuestem über Augenschmerzen, fand man heraus, dass ein weiterer Tumor an Sehnerv und Kleinhirn entstanden war.
Auch hier wurde bestrahlt und man sagte die Behandlung hätte so erfolgreich angeschlagen, dass weiterhin fünf gute Jahre, vielleicht sogar zehn
möglich wären.

Als meine Mutter aus der Klinik entlassen wurde, musste sie zur Chemotherapie in eine Klinik bei ihr Zuhause. Den ursprünglichen Plan mit
meinem Jakobsweg hatte ich verschoben und nachdem alle Details mit
der Klinik geklärt waren, machte ich mich auf den Weg nach Portugal.

Ich lief gerade durch ein sehr schönes kleines Waldstück etwa 150 km
hinter Porto in Richtung Spanien, da klingelte mein Telefon. Ich war erstaunt den Arzt meiner Mutter am Telefon zu hören. Er sagte mir bereits

vor der Wanderung, dass die Behandlung noch nicht den gewünschten Erfolg hätte und so war ich nicht ganz beruhigt, aber mit einem Update zur Lage gestartet. Als nun aber das Gespräch begann, sagte er mir, dass wenn ich meine Mutter noch einmal sehen wolle, ich noch ca. 48 Stunden Zeit hätte. Länger würde er ihr nicht mehr geben.

Ich öffnete die Karte, suchte nach der nächst größeren Stadt mit einem Bahnhof. Nach kurzer Orientierung lief ich los. Ich joggte ca. 25 km, bis ich den Bahnhof erreichte. Der schwere Rucksack hatte meinen Rücken wund gescheuert und meine Füße waren mit Blasen übersät. Ich spürte davon aber nur wenig. Bei den kurzen Pausen, die ich mir auf der Strecke gegönnt hatte, telefonierte ich mit Zuhause. Meine Freundin buchte bereits alle Flüge und einen Mietwagen, der mich in München erwartete.

Leider war es nicht möglich, noch am selben Tag zurück zu fliegen, also buchte ich noch ein Hotel und kam total fertig und verschwitzt nach ein paar Stunden Zugfahrt in Porto am Flughafen an. Die Nacht war lang und ich fand keinen Schlaf. Der Flug ging über Lissabon, umsteigen und dann weiter nach München. Ich raste mit dem Mietwagen nach Bamberg ins Krankenhaus und nach einiger Mühe sagte man mir, dass meine Mutter nicht mehr auf Station war. Man hatte sie in das naheliegende Hospiz verlegt oder, wie meine Mutter es immer nannte, „Das Haus vor der Urne".

Ich ging zum Counter und erkundigte mich bei einer Schwester mit der ich, wie ich da noch nicht wusste, die nächsten Wochen noch viel zu tun haben würde. Man kannte meine Mutter und als man mich zu ihrem Zimmer brachte, erwartete ich das Schlimmste.

Ich atmete tief durch und klopfte. Nach einem leisen „Herein" öffnete ich. Meine Mutter saß auf dem Balkon und freute sich des Lebens. Sie aß Eis, hatte ihre E-Zigarette in der Hand und freute sich, mich zu sehen. Sie wunderte sich zwar, dachte sie doch ich bin auf dem Jakobsweg wandern, aber das war ihr dann auch egal. Hauptsache ich war da. Sie erzählte mir, dass nach der Bestrahlung, der Tumor am Kleinhirn und am Sehnerv, weg waren. Ein voller Erfolg bei der Behandlung. Der gebrochene Arm war gut verheilt und machte auch keine Probleme mehr.

Leider hatte die Chemotherapie keinen Erfolg und als sie mitten in der Therapie war, stellten die Ärzte fest, dass der Krebs, der zum wiederholten Male ihre Lunge befallen hatte, nun unkontrolliert wucherte und auch durch die Chemotherapie nicht mehr zu stoppen war. Meine Mutter ließ die Therapie abbrechen und wollte sie, wenn sie körperlich besser drauf war, wie sie sagte, wieder anfangen. Leider sagte ihr der Arzt, dass das nicht mehr möglich wäre. So überwies man sie in das Hospiz und sie wollte, wenn der Krebs wieder ruhiger war, nach Hause gehen oder zu uns nach Rostock kommen.

Sie klang sehr überzeugt und irgendwie verwirrte mich das nun doch alles etwas. Ich wollte mir draußen einen Kaffee holen und als ich am Gerät stand, kam die Schwester vom Tresen zu mir. Sie wollte kurz mit mir reden. Natürlich hatte ich auch Fragen und die waren, warum mir der Arzt etwas von 48 Stunden gesagt hatte. Die Antwort war recht einfach: Nachdem meine Mutter erfahren hatte, dass es Zeit war, sich über den Tod Gedanken zu machen, reagierte ihr Körper mit Aufgabe. Das Herz wurde schwach, sie war apathisch und die Ärzte dachten, dass nun das Ende kommen würde. Als man sie ins Hospiz verlegte lernte sie die Schwestern dort kennen, diese freundlichen und liebevollen Menschen, die dort arbeiteten, gaben ihr neuen Mut und Kraft. Sie erholte sich wieder und war fröhlich, wenn auch nur nach außen.

Die zweite Frage war, warum sie davon sprach, hier bald zu gehen. Auch hier war die Antwort recht einfach: Es gibt mehrere Phasen im Sterbeprozess, Verleugnung, Verzweiflung und Zorn, Akzeptanz. Meine Mutter wollte einfach nicht glauben, dass dieses Zimmer die letzte Station war und sie es nicht mehr lebend verlassen würde.

Die letzte Frage war schwer: Wie lange hat sie noch? Hier war von der Schwester keine Antwort zu erwarten. Sie konnte mir nur sagen, dass man sich gut um sie kümmern würde und ihr alle Hilfe geben würde, um ihren letzten Weg zu erleichtern.

Ich telefonierte mit meinem Chef und kündigte an, dass ich eventuell meinen Urlaub verlängern müsste. Er stimmte sofort zu und war sehr verständnisvoll, wofür ich ihm immer dankbar sein werde. Ich verbrachte also jeden Tag von früh bis spät bei meiner Mutter. Am Abend fuhr ich zu ihr nach Hause und schlief auf der Couch im Wohnzimmer.

Ich hatte den Rat der Schwester befolgt, „Tun Sie alles worum Sie gebeten werden und sein Sie einfach da, wenn Sie können." Das tat ich und die Wünsche meiner Mutter waren recht einfach. Sie hatte ein Lieblingseis, von dem ich ihr Dutzende brachte. Sie wollte mit mir ein kaltes Radler trinken und guten Kaffee. Sie hatte ein paar Menschen, denen Sie Geld schuldig war und ich fuhr diese Leute ab und zahlte ihre Schulden.

Meine Mutter war geistig auf der Höhe und in den vielen Gesprächen erzählte sie mir davon, wie sehr sie ihre Enkelkinder liebte. Einmal fing sie aber an zu weinen und sagte mir, wie sehr sie sich selbst dafür hasste, dass sie für mich keine gute Mutter war und wie traurig es sie machte, dass sie weiß, dass ich sie nicht mehr liebte und nur da war, weil, ich es als meine Pflicht ansah.

Zu meinem eigenen Erstaunen konnte ich ihr aber diese Angst nehmen und ihr aufrichtig sagen, dass es anders ist. Mit ihrer Liebe zu meinem Sohn ist meine Liebe zu ihr als Mutter neu entstanden und war stärker als je zuvor.

Sie war eine unglaublich gute Großmutter und mein Sohn erinnert sich sehr gern an sie und liebt sie weit über ihren Tod hinaus. Dass ich ihr das aber in diesem Gespräch sagen konnte, dass ich hier sein wollte und auch nicht verpflichtet war, dass ich sie liebte und das ohne Gram ließ sie aufatmen.

Sie erzählte mir von ihrer Angst, allein zu sterben, ihrer Angst, ihren Sohn für immer verloren zu haben und davon, wie sehr es sie verletzt hatte, dass meine Schwester gegangen war und sie so allein zurückgelassen hatte. Sie hatte zwar Verständnis dafür, dass meine Schwester ihren Weg gehen musste. Das änderte aber nichts an der Trauer und Sehnsucht.

Nach zwei Wochen war es für mich notwendig, nach Hause zu fahren. Meine Freundin und ich hatten schon lange zuvor ausgemacht, dass ich mit ihnen campen gehen wollte. So fuhr ich also, nachdem ich mich erkundigt hatte, dass der Zustand meiner Mutter stabil war, nach Hause. Sachen gepackt und mit Kind, der Freundin und dem großen Zelt an den Strand.

Die Tage waren schön, wenn ich auch in Gedanken bei meiner Mutter war. Die Krankenschwester hielt mich täglich über den aktuellen Stand auf dem Laufenden.

An einem Tag bat sie mich um Bilder für meine Mutter bzw. für ihr Zimmer. Am nächsten Tag schrieb sie „ES IST ZEIT". Ich wusste, was gemeint war und ich verabschiedete mich von meiner Freundin und fuhr zu meiner Mutter.

Als ich das Krankenhaus betrat, kam mir die Schwester entgegen. Der Sauerstoffmangel, der durch die zersetzte Lunge entstanden war, hatte meine Mutter verändert. Ich solle nicht erschrecken und solle ihr nicht böse sein. Ich wusste damit nichts anzufangen, sagte aber, dass es dafür keinen Grund geben würde.

Als ich in das Zimmer kam, saß meine Mutter auf dem Bett, sie sprach mit einer Katze, die nur in ihrer Fantasie da war. Als ich das, leider, nicht erkannte, wurde sie sehr böse. Ich lüge, ich will ihr ihre Katze wegnehmen und sie hasst mich. Sie benahm sich wie ein kleines Kind, inklusive verstellter Stimme und der gleichen Wortwahl. Es dauerte einige Minuten. Sie beruhigte sich und fragte mich dann, wo ihr kleiner Michael war. Ich wusste nicht, wen sie meinte, bis ich verstand, dass sie nach mir suchte, nach mir als Kind. Sie ging nach draußen vor die Tür und rief meinen Namen. Die Schwester kam und sagte ihr, dass ich mit meinem Vater (der seit 20 Jahren tot war) nur kurz Eis holen wäre und gleich zurück bin. Meine Mutter war sofort beruhigt.

Die Schwester nahm sie sanft in den Arm und brachte sie zurück ins Zimmer. Sie erkannte meine Verwirrung und erklärte mir, dass durch Medikamente und Sauerstoffmangel diese Verwirrung eintritt, auch Panik, Wut und Aggression konnten entstehen. Meine Mutter hatte in ihrem Verstand alles Unnötige gelöscht und ihre Erinnerungen klammerten sich um ihren kleinen Sohn, ihren Enkelsohn und ihre Enkeltochter.

Ab da ging jedes „klare" Gespräch nur noch um die Kinder. Leider gab es auch die Momente, in der sie verwirrt nach der imaginären Katze suchte oder ein Pferd hörte und extrem wütend auf mich einbrüllte, warum ich ein Pferd dabei habe, warum ich ihren kleinen Michael verjagt hatte und wann er wieder da war. Es gab nur sehr wenige Augenblicke, in denen sie mich erkannte. Dann füllten sich ihre Augen mit Tränen und sie sagte mir, dass alles gut werden würde. Ich müsse keine Angst haben und sie kommt schon wieder nach Hause. Sie sagte mir, dass sie nicht möchte, dass ich gehe und hatte Angst. Als es langsam nicht mehr möglich war mit ihr zu reden und die Phasen, in denen sie einschlief und ich Angst hatte, dass sie nicht mehr aufwachen würde, länger wurden, rief ich meine Schwester an, um ihr zu sagen, dass es auch für sie an der Zeit war, sich zu verabschieden. Meine Mutter war kurz wach und ich legte ihr das Telefon ans Ohr. Ich hörte meine Schwester weinen und reden. Das alles war für mich sehr bedrückend und ich ging vor die Tür, um den letzten Moment der Beiden nicht zu stören.

Als ich zurückkam, schlief meine Mutter tief und fest. Sie wachte danach auch nur kurz auf, um schwer atmend noch etwas zu trinken oder mit leiser Stimme, nach ihrem kleinen Sohn zu fragen.

Einmal jedoch öffnete sie die Augen. Sie sah mich an und begann zu brüllen: „Ich bringe Sie um", „Sie will hier raus". Sie bäumte sich auf, riss Infusion und Katheter heraus. Überall waren Blut, Medikamente und Urin. Ich war von oben bis unten voll und versuchte, sie zu beruhigen. Zum Glück hatte eine der Schwestern alles bemerkt. Sie stürmte ins Zimmer und half mir meine Mutter vor weiteren Verletzungen zu bewahren.

Als die Ärztin kam, um meiner Mutter etwas zur Beruhigung zu geben, war ich nervlich am Ende. Man schickte mich nach Hause. Ich duschte, zog mich um und ging in die Stadt. Ich trank zwei Bier auf Ex und als ich dort stand, begegnete mir durch Zufall mein bester Freund aus der ersten Klasse. Wir erkannten uns und begannen ein Gespräch. Wir tauschten Nummern und ich trank mit ihm noch ein, zwei Bier. Das half sehr, ich ging nach Hause und schlief tief und fest.

Der Zustand meiner Mutter verschlechterte sich von da an stündlich. Ihre beste Freundin, die ehemalige Besitzerin des Kiosk am Wasser, kam täglich und leistete ihr Gesellschaft. Das war wirklich großartig von ihr und auch wenn ich lieber allein mit meiner Mutter gewesen wäre, ging es hier nicht um mich, sondern um den Wunsch meiner Mutter.

In der letzten Nacht, ihre Freundin kam zu uns direkt von der Arbeit, saßen wir beide an ihrem Bett. Agatha erzählte mir von ihrem Verhältnis zu meiner Mutter und dass sie wusste, dass sie Angst hatte, in ihren letzten Stunden allein zu sein. Sie hatte ihr versprochen, dass es auf keinen Fall passieren würde und sie war fest entschlossen, dieses Versprechen einzulösen. Man sah, dass es ihr sehr nahe ging und sie alterte vor meinen Augen mit jedem Atemzug meiner Mutter, die immer schwerer wurden, mit immer größeren Pausen dazwischen.

Ich hielt seit Stunden die Hand meiner Mutter und ich merkte, dass auch ich mich nun verabschieden musste. Agatha ging nach draußen und ich hatte die Ruhe für meine letzten Worte. Ich sagte ihr, dass alles vergeben sei, kein Zorn, nur Liebe. Dass ich ihr dankbar war und dass sie eine wundervolle Großmutter war. Ich hätte ihr gern noch mehr gesagt, aber in diesen Minuten fiel es mir nicht mehr ein.

Agatha kam wieder ins Zimmer und die Atemzüge meiner Mutter

klangen so unendlich schwer, die Pause war lang, erst Sekunden, dann Minuten, dann ein tiefer Atemzug, als ob sie nie mehr aufhören wollte. Stille. Das Ausatmen, lange, sanft, leise und der Körper erschlaffte. Ihre Hand, die noch in meiner lag, wurde kühl und ich drückte sie fester. Ich küsste meine Mutter auf die Stirn und hielt ihre Hand. Sie war nicht allein gestorben. Ich konnte dieses Versprechen halten.

Agatha ging nach draußen, um den Schwestern Bescheid zu geben. Ich musste das Zimmer verlassen. Als ich wieder hinein durfte, konnte ich nicht anders als zu lachen. Man hatte meine Mutter präpariert. Der Anlass war traurig, aber was man hier versuchte, war einfach nur eine Mischung, aus dem Versuch Würde zu verleihen, gepaart mit ungewollter Komik.

Man hatte ihre Hände übereinander gelegt und eine Rose auf diese platziert, das war würdig. Ihren Kopf hingegen stützte ein viel zu langes Plastikgestell. Der Hals wurde unnatürlich lange gestreckt und es sah aus wie bei einem Gummimenschen aus dem Comic. Man hatte ihr Gebiss entfernt und der Kragen der Plastikkonstruktion drückte ihr so unter das Kinn, dass die Unterlippe bis zur Nasenspitze geschoben wurde. Man hatte ihre Augen geschlossen und tatsächlich versucht mit etwas Schminke das ganze zu verschönern. Durch das Licht sah es jedoch aus als ob – und ich bitte das fehlende Feingefühl zu entschuldigen – es wirkte so, als ob Poppey mit zwei blauen Augen eine Kinnhaken bekommen hätte und sein Kopf, wie im Comic eben, nach ober katapultiert würde. Hätte man noch eine kleine Pfeife in den Mundwinkel geschoben, hätte ich wahrscheinlich laut losgelacht.

So dachte ich mir nur „Was haben sie nur mit dir gemacht, Mutti?" Ich setzte mich neben sie und blieb noch eine Weile dort sitzen. Dann ging ich nach Hause und schrieb allen, dass es vorbei war.

Am nächsten Tag kam der Vermieter, er übernahm die Wohnung und ich zog ins Hotel. Ich musste noch einmal ins Krankenhaus, um die Formalitäten zu klären. Dort traf ich die behandelnde Ärztin, sie wollte mich trösten und begann mit den Worten: "Das ist Gottes Wille und ich soll die Gnade erkennen, dass er nun meine Mutter erlöst hätte."

Sagen wir es mal so, ein Wutausbruch ist nur ein zart umschriebener Ausdruck für meine Reaktion. Ich schrie die Ärztin an, erklärte ihr, dass sie sich diesen Scheiß sonst wohin schieben kann. Gnade Gottes, pah! Erst lässt er eine gutherzige Frau 60 Jahre leiden und wenn sich alles fügt, Liebe entstanden ist, Alkoholismus besiegt, die Großmutter, die sich jedes Kind wünscht, entstanden ist, Geldsorgen in der Vergangenheit liegen und man neuen Mut geschöpft hat, dann kommt die Gnade und eine furchtbare Krankheit lässt dich leiden, zerbrechen und tötet dich langsam und brutal.

Tut mir leid, ich glaube nicht an die Kirche und an Gott auch nicht. Denn wenn es ihn/sie/es geben sollte, ist es ein grausames Wesen, das Ameisen mit der Lupe verbrennt und Schmetterlingen die Flügel ausreißt.

Ich glaube an Karma. Du bekommst was du säst und nach der Möglichkeit, es wieder gut zu machen, vielleicht noch eine zweite Chance. Meine Mutter war ein guter Mensch. Sie hat ihre zweite Chance aber zu lange warten lassen. Sie hat sie letzten Endes genutzt, aber der Preis dafür war zu hoch.

Danksagung

Danke an meine Familie, die mich immer in allem akzeptiert, die jede Abwesenheit erträgt und jede neue Idee unterstützt.

Danke J.F. für alles, deine Liebe, Stärke und die Hilfe beim Schreiben dieses Buch.